Hermann Ferdinand Hitzig

Das griechische Pfandrecht

Hermann Ferdinand Hitzig

Das griechische Pfandrecht

ISBN/EAN: 9783743331884

Hergestellt in Europa, USA, Kanada, Australien, Japan

Cover: Foto ©ninafisch / pixelio.de

Manufactured and distributed by brebook publishing software
(www.brebook.com)

Hermann Ferdinand Hitzig

Das griechische Pfandrecht

DAS

GRIECHISCHE PFANDRECHT.

EIN BEITRAG

ZUR

GESCHICHTE DES GRIECHISCEN RECHTS

VON

HERMANN FERDINAND HITZIG.

MÜNCHEN.
THEODOR ACKERMANN
KÖNIGLICHER HOF-BUCHHÄNDLER
1895.

Vorwort.

Die Erforschung des griechischen Pfandrechts hat für den Romanisten einen besonderen Reiz. Die Geschichte des römischen Pfandrechts liegt noch im Argen[1]; mehrere griechische Bezeichnungen (hypotheca, antichresis, hyperocha) legen die Annahme nahe, dass das griechische Pfandrecht bestimmenden Einfluss auf die Entwicklung des römischen gehabt habe. Man hat sich bisher mit dieser Annahme begnügt; es ist wohl an der Zeit, dass von juristischer Seite das griechische Pfandrecht untersucht wird, denn erst wenn dies geschehen ist, wird festgestellt werden können, ob überhaupt, und wenn ja, in welchem Masse ein Einfluss griechischen Rechts wahrscheinlich oder sicher ist; vielleicht ergibt sich dann auch eine Antwort auf die Frage nach dem Alter der römischen Hypothek. —

Bisher haben sich mit griechischem Pfandrecht in der Hauptsache nur Philologen, und auch diese meist nur gelegentlich, beschäftigt. Die Ausführungen von Dernburg, Pfandrecht I pg. 68—76, sind von den Philologen nicht beachtet worden, wiewohl sie an mehreren Orten bereits Resultate bieten, zu denen andere erst in neuester Zeit gelangt

[1] Allerdings sind in den letzten Jahren wichtige Arbeiten erschienen; ich denke an die Aufsätze von Voigt (Das pignus der Römer bis zu seiner Umwandlung zum Rechtsinstitute) und Kuntze (zur Geschichte des römischen Pfandrechts) und an die Literatur zu den Fiduciartafeln.

sind. Seither hat sich das Material, namentlich durch Inschriftenfunde, beträchtlich vermehrt, so dass eine neue Bearbeitung des Stoffes gerechtfertigt erscheint.

Zu einer solchen Arbeit sollten Quellen und Literatur vollständig zur Verfügung stehen; ich bedaure, dass mir beides nicht in dem Masse, wie ich es mir gewünscht hätte, zugänglich war. Von den ägyptischen Papyri konnte ich nur benützen, was in den philologischen Zeitschriften publiziert ist, und ausserdem die elf ersten Hefte der von der Berliner Generalverwaltung herausgegebenen griechischen Urkunden; von Literatur vermisste ich namentlich die Arbeiten von Caillemer.

Meine Schrift beschäftigt sich mit griechischem Pfandrecht; ich habe mich nicht auf das attische Pfandrecht beschränkt, sondern andere griechische Rechte berücksichtigt; ich bin dabei ausgegangen von den Bemerkungen, die Mitteis, Reichsrecht und Volksrecht, pg. 61 ff. gemacht hat; das Pfandrecht liefert einen neuen Beweis für die Richtigkeit des dort gesagten. Immerhin war Vorsicht geboten; wo ein Institut sich nur an einem bestimmten Ort nachweisen lässt, an allen anderen nicht, darf selbstverständlich nicht das Institut ohne weiteres als allgemein griechisches Recht betrachtet werden; vor derartigen voreiligen Verallgemeinerungen wird man sich zu hüten haben.

Die Forschungen auf dem Gebiete der vergleichenden Rechtsgeschichte habe ich, soweit sie mir zugänglich waren, berücksichtigt und namentlich da herangezogen, wo es sich darum handelte, zu zeigen, dass das, was im griechischen Recht als auffallend bezeichnet werden könnte und schon bezeichnet worden ist, nicht so auffallend ist, weil sich genau dieselben Institute auch anderwärts finden.

Vergleiche mit dem römischen Recht zu ziehen, lag nicht in meiner Absicht; solche Vergleiche haben bisher der Erkenntnis der wahren Natur des griechischen Pfandrechts mehr geschadet als genützt[1]; ich behalte mir vor, an anderer Stelle die Resultate dieser Arbeit für die Geschichte des römischen Pfandrechts zu verwerten. Die Abhandlung, die ich jetzt vorlege, soll Juristen und Philologen dienen; um den letzteren verständlich zu bleiben, habe ich mehrmals juristische Erörterungen eingeschaltet, die in einem ausschliesslich für Juristen geschriebenen Werke überflüssig gewesen wären.

Arbeiten, wie die vorliegende, sind bis zu einem gewissen Grade immer undankbar und gefährlich; eine neu entdeckte Inschrift kann eine Reihe von Resultaten wieder umstürzen oder doch ein anderes Verhältnis der Beweismittel herbeiführen; ausserdem fordern solche Arbeiten die Kritik heraus und der Kritiker wird mit Leichtigkeit Punkte finden, bezüglich deren man — wegen der Beschaffenheit der Quellen — verschiedener Ansicht sein kann; wenn aber auf die Dauer solche Erwägungen den Ausschlag geben sollten, so kämen wir auf dem von uns Juristen so vernachlässigten Gebiet des griechischen Rechts nie weiter.

[1] Ich denke dabei namentlich an den Vergleich von πρᾶσις ἐπὶ λύσει und fiducia (s. u. pg. 2 ff.) und an die Controversen über die rechtliche Stellung des Hypothekargläubigers bei Verfall (s. u. pg. 82 ff.).

Zürich, im Juli 1894.

Dr. Hermann Ferdinand Hitzig,
Privatdozent des römischen Rechts an der Universität.

Verzeichnis der Abkürzungen.

Äg. Pap. Ägyptische Urkunden aus den königlichen Museen zu Berlin, herausgegeben von der Generalverwaltung; griechische Urkunden.

Dernburg, Pfandrecht. Dernburg, das Pfandrecht nach den Grundsätzen des heutigen römischen Rechts, 2 Bände. 1860, 1864.

Ephesos, Notstandsgesetz von. Inschrift, zuletzt abgedruckt im Recueil des inscriptions juridiques grecques I pg. 30 ff., zitiert nach diesem Abdruck; ausserdem bei Dittenberger, sylloge inscr. graec. n. 344 und Thalheim, griechische Rechtsaltertümer pg. 134 ff.

Gortyn, Tafel von. Zitiert nach Bücheler Rhein. Mus. XL.

Heraklea, Tafel von. Inschrift, zuletzt abgedruckt im Recueil des inscriptions juridiques grecques II pg. 193 ff. und bei Kaibel, inscriptiones graecae Siciliae et Italiae n. 645, (C. I. Gr. 5774—5.)

Horos mit Ordnungszahl. Horos mit der Ordnungszahl im Recueil des inscriptions juridiques grecques I pg. 108 ff.

Lipsius, Rede. Lipsius, von der Bedeutung des griechischen Rechts, Festrede, Leipzig (Tauchnitz), 1893.

Meier-Schoemann-Lipsius. Meier und Schoemann, der attische Prozess, neu bearbeitet von Lipsius, 2 Bände, Berlin (Calvary), 1883—1887.

Platner, Prozess. Platner, Prozess und Klagen bei den Attikern, 2 Bde., 1824 1825.

Recueil. Recueil des inscriptions juridiques grecques; texte, traduction, commentaire, par R. Dareste, B. Haussouiller, Th. Reinach, bis jetzt 2 Bände, Paris (Ernest Leroux); 1891, 1892.

Tenos, [Verkaufs-]Register von. Inschrift, zuletzt abgedruckt im Recueil des inscriptions juridiques grecques I pg. 63 ff. (C. I. Gr. 2338.)

Theophrast, Fragmente. Fragmente des Theophrast bei Stobaeus Anthol. XLIV 22, abgedruckt mit Kommentar bei Hofmann, Beiträge zur Geschichte des griechischen und römischen Rechts pg. 76 ff. und Thalheim, griechische Rechtsaltertümer pg. 128 ff.

Ztsch. f. vgl. RW. Zeitschrift für vergleichende Rechtswissenschaft, herausgegeben von Bernhöft, Cohn und Kohler.

Inhaltsverzeichnis.

Erstes Capitel.

Die Arten des Pfandrechts und ihr Verhältnis.

Das griechische Recht weist drei Erscheinungsformen des Pfandrechts auf: *ἐνέχυρον*, *ὑποθήκη*, *πρᾶσις ἐπὶ λύσει*. *ἐνέχυρον* ist Faustpfand, *ὑποθήκη* Hypothek, der Unterschied zwischen beiden der, dass bei dem Faustpfand der Besitz der verpfändeten Sache sofort auf den Gläubiger übergeht, während bei der Hypothek der Gläubiger lediglich das Recht erhält, sich bei Verfall der Forderung ohne weiteres in den Besitz der Sache zu setzen. Neben diese beiden uns heute geläufigen Formen tritt als dritte die *πρᾶσις ἐπὶ λύσει*. —

Mit diesem letztgenannten Institut hat man sich bisher nur wenig beschäftigt; man vergleicht es mit der römischen fiducia[1], erkennt in ihm eine Abart der Hypothek, die neben der gewöhnlichen Hypothek steht[2], diese fester macht[3], ihr gleich geachtet wird[4]; man bezeichnet die *πρᾶσις ἐπὶ λύσει*

[1] Meier-Schoemann-Lipsius II pg. 693. Dareste, nouvelle revue historique de droit 1877 pg. 173. — Szanto, Hypothek und Scheinkauf in den Wiener Studien IX pg. 287.

[2] Büchsenschütz, Besitz und Erwerb pg. 493.

[3] Meier-Schoemann-Lipsius II pg. 693.

[4] Thalheim, griechische Rechtsaltertümer pg. 82 Anm. 1.

als Scheinkauf[1], als vente à réméré[2], als Kauf auf Wiederkauf[3]. Die Erkenntnis der wahren Bedeutung des Institutes ist von grundlegender Wichtigkeit für die Erfassung des griechischen Pfandrechts und seiner Geschichte.

Aus der Rede des Demosthenes gegen Pantainetos erfahren wir:

Pantainetos schuldet an verschiedene Gläubiger 105 Minen, er will diesen Betrag bei neuen Gläubigern aufnehmen, um die alten auszahlen zu können. Euergos und der Sprecher machen ihm im genannten Betrag „ein Darlehn auf seine Fabrik und 30 Sklaven", *ἐδανείσαμεν πέντε καὶ ἑκατὸν μνᾶς ἐπ' ἐργαστηρίῳ . . καὶ τριάκοντα ἀνδραπόδοις* l. c. 4 (967). — Später wird das dahin erklärt: Die neuen Gläubiger „kaufen die Fabrik und die Sklaven" — von Pantainetos — „für 105 Minen" *ἡμεῖς πέντε καὶ ἑκατὸν μνῶν ἐωνήμεθα* l. c. 31 (975). Dabei wird ausgemacht, dass der Schuldner innert einer festgesetzten Frist lösen könne; *λύσις τούτῳ παρ' ἡμῶν ἔν τινι ῥητῷ χρόνῳ* l. c. 5 (967). Die Lösung wird dadurch erfolgen, dass der Schuldner den erhaltenen Betrag, hier die 105[4] Minen, an die Gläubiger zurückzahlt[5]. —

Aus dem Gesagten ergibt sich: der Geldbedürftige verkauft eine Sache um den Betrag, den er nötig hat; Kauf und Darlehn fallen zusammen (*ἐδανείσαμεν ἐπὶ* = *ἐωνήμεθα*); der Kauf ist ein wahrer Kauf mit einem wahren Kaufpreis, er

---

[1] Meier-Schoemann-Lipsius l. c.; Szanto, l. c.

[2] Dareste, l. c. u. ö. im Recueil.

[3] Platner, Prozess II pg. 308. Dernburg, Pfandrecht 1 pg. 70 Anm. 16 sagt einfach: die Constituirung eines Pfandrechts nannte man übrigens auch wohl Kauf.

[4] Das steht in der Rede nirgends, ist aber wohl selbstverständlich; übrigens wird in der Rede des Demosthenes gegen Apaturios ausdrücklich ausgemacht, dass der 40 Minen schuldende Apaturios verkauft *ἕως ἀποδοίη τὰς τετταράκοντα μνᾶς* l. c. 8 (894), 12 (896).

[5] Der Fall ist in der Rede etwas komplizierter, als er im Text dargestellt ist, da die neuen Gläubiger nicht von Pantainetos, sondern von Mnesikles kaufen; s. hierüber unten Cap. VII Aa.

unterliegt den Formvorschriften des Kaufvertrags[1]; der Käufer wird Eigentümer (ἡμέτερον ὂν τὸ ἐργαστήριον καὶ τἀνδράποδα l. c. 9, 969), muss aber Eigentum zurückübertragen, wenn der Schuldner (Verkäufer) innert der Lösungszeit zahlt. Für die 105 Minen, die Pantainetos erhält, gibt er als provisorische Gegenleistung die Fabrik und die Sklaven; die provisorische Leistung verwandelt sich in eine definitive, wenn er innert der Lösungsfrist nicht zurückzahlt.

Mit der römischen fiducia hat das Geschäft insofern Ähnlichkeit, als an beiden Orten der Geldbedürftige an den Geldgeber eine Sache zu Eigentum übertragen muss, und die Rückgabe derselben verlangen kann, wenn er vor Verfall zurückzahlt. Der Unterschied ist der: die römische mancipatio fiduciae causa ist ein Scheinkauf nummo uno, sie tritt neben die persönliche Forderung; sie bedeutet Sicherstellung der persönlichen Forderung; fällt die Sicherstellung, so bleibt die persönliche Forderung (als ungesicherte) bestehen; die griechische πρᾶσις ἐπὶ λύσει ist ein wahrer Kauf, die persönliche Forderung geht auf in dem Kaufgeschäft, der Gläubiger hat keine Forderung gegen den Schuldner, nur der Schuldner hat die Möglichkeit, gegen Zahlung zu lösen. Die fiducia ist Sicherstellung, die πρᾶσις ἐπὶ λύσει provisorische Ersatzleistung[2].

Nach griechischer Auffassung ist der Verkauf auf Lösung eine Erscheinungsform des Pfandrechts[3]. θεῖναι und θέσθαι

[1] S. u. Cap. VII Aa.

[2] Über den Unterschied zwischen Verkauf auf Wiederkauf und fiducia s. Dernburg, Pfandrecht I pg. 12, 13. Über Verkauf auf Wiederkauf in anderen Rechten etwa Franken, französisches Pfandrecht im Mittelalter § 12 pg. 175 ff.; Heusler, Institutionen des deutschen Privatrechts § 102, II pg. 134 ff. — Das im Text vorgetragene kann erst bei der Besprechung der Wirkungen der Verpfändung näher ausgeführt und begründet werden.

[3] Im folgenden wird daher auch „Pfandrecht" für alle drei, Verkauf auf Lösung, Faustpfand, Hypothek gebraucht, wiewohl man streng genommen das erstgenannte Institut nicht als eine Erscheinungsform des Pfandrechts, sondern des Realkredits bezeichnen sollte.

werden für Hypothek, Faustpfand und Verkauf auf Lösung gebraucht, ersteres vom Verpfänder, letzteres vom Pfandgläubiger; ebenso wird *ἐνέχυρον* allgemein zur Bezeichnung des Pfandobjekts verwendet[1].

Über das Verhältnis der drei Formen und die historische Entwicklung des Pfandrechts haben sich in neuerer Zeit Dareste in der nouvelle revue historique de droit français et étranger Jahrgang 1877 pg. 170 ff. und Szanto in den Wiener Studien Bd. IX pg. 279 ff. ausgesprochen, ersterer in einem Kommentar zu dem sog. Notstandsgesetz von Ephesos, letzterer in einem Aufsatz über Hypothek und Scheinkauf im griechischen Recht.

Dareste nimmt eine Entstehung der Hypothek aus der *πρᾶσις ἐπὶ λύσει* an mit folgender Erwägung:

le débiteur, au lieu de vendre son fonds au créancier et de l'en rendre immédiatement propriétaire, sauf à en exiger la rétrocession contre remboursement, conféra seulement au créancier le droit de s'emparer du fonds et d'en devenir propriétaire, faute de payement à terme échu. — (pg. 171.)

Szanto tritt diesen Ausführungen entgegen; er nimmt eine gesonderte Entwicklung der beiden Institute an und lässt die Hypothek aus der Schuldknechtschaft (pg. 284 bis 286), den „Scheinkauf" aus dem Kauf (pg. 287) entstehen.

Im grossen und ganzen gelange ich zu einer Bestätigung der Ansicht von Dareste. Ich betrachte im folgenden zunächst nur die Pfandverhältnisse an Immobilien und diese wiederum zunächst nur für Attika.

---

[1] S. hierüber Thalheim griech. Rechtsaltertümer pg. 88 Anm. 2, 3; in der Rede d. Demosth. c. Apatur. liegt eine *πρᾶσις ἐπὶ λύσει* vor, das Geschäft wird aber auch *θέσις* 12 (896), das Objekt *ἐνέχυρον* 10 (895) genannt. — Vergl. auch die römischen Ausdrücke pignus ponere und opponere; das im Codex mehrmals erscheinende supponere ist die Übersetzung des griechischen *ὑποτιθέναι*.

Über Pfandverhältnisse an Immobilien in Attika geben uns vor allem die sog. Hypothekensteine oder Horoi Auskunft, die, auf dem Grundstück selbst in irgend einer Weise (Stein, Säule) angebracht, die Belastung Drittpersonen zur Kenntnis brachten[1].

Sicher ist, dass durch diese Horoi für die gleiche Zeit Hypothek und πρᾶσις ἐπὶ λύσει nachgewiesen sind; die Herausgeber des Recueil teilen die Horoi, die sie publizieren[2], ein, wie folgt:

Horoi 1–8 hypothèques de mineurs.
„ 9–24 hypothèques dotales.
„ 25–59 engagements sous forme de vente à réméré.
„ 60–61 ventes simples — privilège de vendeur.
„ 62 63 antichrèses.
„ 64–65 hypothèques conventionelles.
„ 66 privilège de copartageant.

Abstrahieren wir vorläufig von den letzten sieben Inschriften[3], so stehen zunächst 25 Fällen von πρᾶσις ἐπὶ λύσει 24 Fälle von ἀποτιμήματα gegenüber. Von den Apotimemata geben sich die meisten als zu einer Dos gehörig (ἀποτιμήματα προικός) zu erkennen, die übrigen nennen als Gläubiger meistens παῖδες oder παῖδες ὀρφανοί. Die ersteren beziehen sich auf die gegen den Ehemann gerichtete Dosrückforderungsklage (s. u. Cap. IV 4b), die letzteren, wo ausdrücklich von παῖδες die Rede ist, auf die sog. μίσθωσις οἴκου (s. u. Cap. IV 3), wo nicht ausdrücklich von παῖδες die Rede ist, entweder wieder auf die μίσθωσις οἴκου oder auf gewöhnliche Pacht (μίσθωσις)[4].

---

[1] Über die Horoi s. u. Cap. VI.

[2] Die im Recueil nicht erwähnten Inschriften (s. u. Cap. VI) verschieben das Verhältnis nicht wesentlich.

[3] Von denen übrigens die drei letzten nicht aus Attika stammen.

[4] Die Herausgeber des Recueil beziehen alle Fälle von ἀποτίμημα, wo nicht ausdrücklich von Dos die Rede ist, auf die μίσθωσις οἴκου, da ἀποτίμημα aber auch von anderen Fällen der μίσθωσις gebraucht wird, ist die Beschränkung auf μίσθωσις οἴκου kaum gerechtfertigt.

Dass ἀποτιμήματα in diesen beiden Fällen (προίξ und μίσθωσις) vorkommen, ergibt sich einmal aus den Rednern, die, wo sie das Wort ἀποτίμημα brauchen, regelmässig an einen der genannten Fälle denken[1]. Auch in den Inschriften findet sich — abgesehen von den Horoi — ἀποτίμημα für den Fall der Pacht (C. I. A. II 1059). Die Lexikographen erwähnen bei Erklärung des Worts ἀποτίμημα die genannten Fälle, s. Harpokration s. v. ἀποτιμηταί. Bekker anecdota 200—201. 423. 437 und namentlich Pollux VIII 142.

ἀποτίμημα δ' ἐστὶν οἷον ὑποθήκη, κυρίως μὲν πρὸς τὴν προῖκα, ἤδη δὲ καὶ πρὸς τὰς μισθώσεις.

Pollux spricht dabei von μίσθωσις schlechthin, die anderen von μίσθωσις οἴκου.

Der Verschiedenheit der Bezeichnung (ὅρος οἰκίας ἀποτετιμημένης — ὅρος οἰκίας πεπραμένης ἐπὶ λύσει) entspricht eine Verschiedenheit der Sache; dass die beiden Ausdrücke nicht dasselbe bedeuten, geht schon daraus hervor, dass sie in einem Horos einander gegenübergestellt werden (Horos 50). Im Falle des ἀποτίμημα liegt, wie allgemein[2] angenommen zu werden scheint, eine Hypothek vor, kein Verkauf auf Lösung. Der Gläubiger erhält hier bis zur Fälligkeit der Forderung weder Besitz noch Eigentum:

Vergl. Pollux a. a. O.:

ἀποτίμημα — ἐστὶν οἷον ὑποθήκη

und Bekker anecd. graec. 201:

ἀποτίμημα — ὅταν τις προικὸς ὀφειλομένης κτῆμά τι τοῦ λαβόντος τὴν προῖκα ἐνεχυριάσῃ.

Mit den Nachrichten der Lexikographen decken sich auch hier wieder diejenigen der Redner; es mag genügen,

---

[1] So wird in der Rede des Demosth. c. Timoth., wo von verschiedenen Pfandgeschäften die Rede ist, ἀποτίμημα reserviert für einen Fall von μίσθωσις οἴκου c. 11 (1187): ὁ μὲν ἐν πεδίῳ ἀγρὸς ἀποτίμημα τῷ παιδὶ τῷ Εὐμηλίδου καθειστήκει.

[2] S. z. B. Platner Prozess II pg. 264. Die Herausgeber des Recueil benutzen den Ausdruck hypothèques ohne weitere Begründung.

hier auf die Reden des Demosthenes gegen Onetor zu verweisen, wo Demosthenes mit dem Nachweis der Nichtexistenz, eventuell Nichtfälligkeit der Forderung dem Onetor die Berechtigung zu irgend einer Einwirkung auf das Grundstück abstreitet und Onetor, der ein Dotalpfandrecht geltend macht, behaupten muss, seine Schwester sei von Aphobos geschieden, die Ehe also aufgelöst und die Dosrückforderungsklage begründet.

So gelangt man zu der Annahme, dass die Hypothek reserviert blieb für den Fall der Dos und der Pacht, speziell der *μίσθωσις οἴκου*[1], während für alle übrigen Fälle, namentlich den Fall des Darlehns, Verkauf auf Lösung zur Anwendung kam. Die Herausgeber des Recueil stellen auch die hypothèques de mineurs und hypothèques dotales den ventes à réméré gegenüber, ohne sich weiter über das Verhältnis der beiden Gruppen auszusprechen.

Man wird sich mit der Erscheinung abfinden und den Grund suchen müssen, warum hier *πρᾶσις ἐπὶ λύσει*, dort Hypothek gewählt wird. Der Grund ist wohl folgender:

Im Vergleich mit der Hypothek ist die *πρᾶσις ἐπὶ λύσει* die energischere, dem Gläubiger mehr bietende und den Schuldner mehr belastende Form der Sicherung; bei der Hypothek begnügt sich der Gläubiger mit der Zuweisung eines Exekutionsobjektes, auf das er bei Nichtbefriedigung seiner Zeit, bei Fälligwerden der Forderung, greifen kann; bei der *πρᾶσις ἐπὶ λύσει* will er sofort eine zur Befriedigung geeignete Leistung des Schuldners. Im Falle des Darlehns[2] gibt der Gläubiger endgiltig sein Eigentum an dem Her-

---

[1] Nur ganz ausnahmsweise findet sich auch hier *πρᾶσις ἐπὶ λύσει*; in Horos 27 für den Fall der dos, in Horos 59a (s. u. Cap. VI) für den Fall der *μίσθωσις οἴκου*.

[2] Es kann keinem Zweifel unterliegen, dass beinahe alle Horoi, die *πρᾶσις ἐπὶ λύσει* erwähnen, sich auf die wichtigste Geldforderung, das Darlehn, beziehen; genannt ist die Art der Forderung — abgesehen von den in Anm. 1 erwähnten Horoi — nirgends.

geliehenen auf, er verliert das Hergeliehene sicher; die Sicherheit dieses Verlustes trägt der Gläubiger nur, wenn seine Darlehnsforderung auf Rückgabe ganz sichergestellt wird, dies kann nur geschehen im Weg der πρᾶσις ἐπὶ λύσει. Ganz anders im Falle der Pacht, im Falle der Dos; der Verpächter bleibt Eigentümer des Pachtobjekts, die Frau bleibt Eigentümerin der Dos, Dos und Pachtobjekt gehen nur zum Zweck der Verwaltung in fremde Hände über, das Bedürfnis nach Sicherstellung ist wesentlich geringer, die Verpflichtung des Schuldners nur eine eventuelle; für die Dos kommt hinzu, dass der Zweck der Dos nicht erreicht würde, wenn dem Mann schon während der Ehe eine Entbehrung zugemutet würde,[1] und eine solche Stellung der Frau dem Manne gegenüber sich mit dem Wesen der Ehe nicht verträgt; für die μίσθωσις οἴκου ist darauf hinzuweisen, dass es der Obrigkeit ermöglicht ist, bei Bestellung des ἀποτίμημα die Interessen der Mündel genügend zu wahren und ganz sicherzustellen durch Prüfung der Solvenz der Pächter und durch Einforderung von zweifellos tauglichen Pfandobjekten und dass sich kaum ein Pächter finden würde, der bereit wäre, von dem fremden gepachteten Grundstück einen Pachtzins zu zahlen und überdies für die Pachtdauer eigene Grundstücke dem Verpächter zu Nutzung oder Eigentum zu überlassen. Man begnügte sich in den genannten Fällen mit Sicherstellung durch Hypothek, weil sie dem Gläubiger gewährte, was er nötig hatte und vernünftigerweise verlangen konnte.

Ob irgend ein Gesetz in der angegebenen Weise die

---

[1] So richtig Platner Prozess II pg. 268.

[2] Eine durchaus analoge Erscheinung zeigt sich in der Geschichte des deutschen Rechts, wo die Satzung ohne Besitzübertragung (sog. neuere Satzung), ursprünglich nur dann angewendet wird, „wenn noch keine präsente Verpflichtung vorliegt, also bloss eine eventuelle Leistung sicher zu stellen ist". Heusler, Instit. d. deutsch. Privatrechts § 104 II pag. 147.

Geltungsgebiete von Hypothek und *πρᾶσις ἐπὶ λύσει* abgegrenzt hat, lässt sich nicht ermitteln; für wahrscheinlich halte ich es nicht.

So stellt sich die Sache, wenn man das Gros der Horoi mit den Nachrichten der Lexikographen und Redner[1] vergleicht. Daneben zeigen sich nun aber auch andere Fälle von Hypothek, die sich nicht als Apotimemata ausgeben und also jedenfalls nicht notwendig auf Dos oder Pacht zu beziehen sind.

Hieher gehören vorerst zwei Horoi, die die Herausgeber des Recueil als „antichrèse" bezeichnen; der erste (62) — der zweite (63) ist davon nicht wesentlich verschieden — lautet:

ὅρος χωρίου καὶ οἰκίας ὑποκειμένων Γ'' HHH δραχμῶν ὥστε ἔχειν καὶ κρατεῖν τὸν θέμενον κατὰ συνθήκας τὰς κειμένας παρὰ Δεινίᾳ Εὐωνυμεῖ.

M. E. handelt es sich hier um die Bestellung einer Hypothek (*ὑποκειμένων–θέμενος*); die Meinung ist, dass bei Verfall der *θέμενος ἔχειν καὶ κρατεῖν* dürfe, d. h. dass er dann Besitz ergreifen dürfe. Der Ausdruck *ἔχειν καὶ κρατεῖν* — er findet sich auch in dem zweiten Horos (63) — scheint technisch zu sein; in der Rede g. Pantainetos[2] wird er gebraucht von dem Käufer *ἐπὶ λύσει* (Gläubiger), der das Grundstück an den Verkäufer (Schuldner) verpachtet hatte

[1] Fälle, in denen kurzweg von *ὑποτίθεσθαι* oder von *ὅροι* ohne nähere Beschreibung des Rechtsverhältnisses die Rede ist, können an und für sich ebensowohl auf *πρᾶσις ἐπὶ λύσει* als auf Hypothek bezogen werden; doch wird man nach dem im Text gesagten bei Darlehn gewöhnlich *πρᾶσις ἐπὶ λύσει* annehmen müssen, wofür auch der mehrmals auftretende Ausdruck *λύειν* hinweist, vergl. z. B. Demosth. g. Polykles 13 (1210) und 28 (1215); Isaios über die Erbsch. d. Philoktemon 33, 34 und dazu unten Cap. VIII Anm. 2. Auch der Ausdruck *τιμὴν ἀποδόντα* bei Isaios über d. Erbsch. d. Dikaiogenes (21 i. f.) in Verbindung mit dem vorausgehenden *θέμενοι* weist auf eine Verpfändung im Wege der *πρᾶσις ἐπὶ λύσει* hin.

[2] Demosth. c. Pantain. 10 (969).

und nun selbst Besitz ergreift; in der Lakritosurkunde[1] (Hypothek) soll der Pfand-Gläubiger bei Verfall *κρατεῖν*: in dem Passus der Rede g. Timotheos[2]: *ἡ μὲν γὰρ οὐσία ὑπόχρεως ἦν ἅπασα καὶ ὅροι αὐτῆς ἕστασαν καὶ ἄλλοι ἐκράτουν* wird man bei *ἐκράτουν* wohl nur an eine Besitzergreifung auf Grund eines Pfandrechts denken können und in der Rede g. Zenothemis wird in demselben Sinne *ἔχειν* verwendet[3]. Die Verweisung auf die *συνθῆκαι* (*ἔχειν καὶ κρατεῖν κατὰ τὰς συνθήκας*) ist nötig, weil dort der Termin und wohl auch die Zinsberedung vorgemerkt ist; bei der *πρᾶσις ἐπὶ λύσει* war Fixierung des Termins nicht nötig, weil ja sofort Eigentum überging; bei dem *ἀποτίμημα προικός* kann der Fälligkeitstermin nicht im voraus fixiert werden, bei dem *ἀποτίμημα παιδός* ergibt er sich von selbst (Erreichung des Mündigkeitsalters). — Ist dies alles richtig, so zeigen die beiden Horoi mit ihrem umständlichen Inhalt, wie selten, abgesehen vom Falle des *ἀπότιμημα*. die Hypothek war; es musste auf dem Horos noch erklärt werden, was unter einer Hypothek, unter „*οἰκία ὑποκειμένη*“ zu verstehen sei.

Mit der Zeit freilich scheint auch hier eine Entwicklung sich vollzogen zu haben; zwei im Recueil noch nicht erwähnte, im *Δελτίον ἀρχαιολογικόν* 1892 publizierte Horoi lauten einfach:

ὅρος οἰκίας ὑποκειμένης Περιάνδρῳ Χολαρ[γεῖ]

ὅρος οἰκίας ὑποκειμένης Ἀλαιεῦσι. H H.

(*ἐν τῷ χώρῳ τῷ νοτιοανατολικῶς τῆς Πνυκός*)[4].

---

[1] Dem. c. Lakrit. 11 (926) v.: *παρέξουσιν—ἀνέπαφον κρατεῖν*.

[2] Dem. c. Timoth. 11 (1187).

[3] Dem. c. Zenothem. 14 (886) u. ö.

[4] Diese Horoi sind identisch mit denjenigen, von welchen Dörpfeld in den Athen. Mitt. Bd. XVII pg. 439 spricht. Herr Prof. Dörpfeld schreibt mir von Troia (31 V 94) aus über die Inschriften: „sie befinden sich an einem Hause gegenüber dem Bezirk des Dionysos *ἐν λίμναις*; das Haus selbst gehört ziemlich sicher dem sechsten Jahrhundert an;

Die Inschriften fanden sich an demselben Hause; es liegen wohl wahre Hypotheken vor; stände *πρᾶσις ἐπὶ λύσει* in Frage, so wäre die sonst überall erscheinende Wendung *οἰκία πεπραμένη ἐπὶ λύσει* verwendet worden, für die Hypothek spricht auch die mehrfache Belastung desselben Objekts. Vielleicht sind die Inschriften jünger als die bisher bekannten Horoi. —

Als Resultat dürfte sich ergeben: ursprünglich Hauptform *πρᾶσις ἐπὶ λύσει*, daneben nur in bestimmten wenigen Fällen (Dos, Pacht) Hypothek; später Anwendbarkeit der Hypothek auch für Fälle, bei denen ursprünglich nur *πρᾶσις ἐπὶ λύσει* vorkam.

Den allmähligen Übergang von der *πρᾶσις ἐπὶ λύσει* zur Hypothek hat zweifellos eine Einrichtung erleichtert und vermittelt, die weiter unten (C. VII Aa) zu besprechen sein wird: die Verpachtung des *ἐπὶ λύσει* gekauften Objekts an den Schuldner (Verkäufer). Die Horoi, die sich auf *πρᾶσις ἐπὶ λύσει* beziehen, nennen den Eigentümer — Gläubiger, *ὅρος χωρίου πεπραμένου ἐπὶ λύσει τῷ δεῖνι*: man darf hieraus schliessen, dass der Verkäufer (Schuldner) im Besitz geblieben ist; denn würde der Käufer (Gläubiger) schon das Grundstück bezogen haben, so brauchte sein Name und seine Berechtigung nicht dritten bekannt gegeben zu werden, man würde dann eher erwarten, dass der Horos das Einlösungsrecht des Verkäufers (Schuldners) zur Kenntnis brächte. Die Erscheinung erklärt sich einfach, wenn man annimmt, es sei nicht nur hie und da[1], sondern r e g e l m ä s s i g der Verkäufer im Besitz geblieben

---

Periander aus Cholarge soll bei Demosthenes erwähnt sein, in diese Zeit passt auch die Inschrift." Ein Periander aus Cholarge wird allerdings bei Demosthenes c. Boiot. 6 (1009) erwähnt. Man wird die näheren Mitteilungen über den Fund abwarten müssen; wenn das Äussere der Inschrift dies zulässt, würde ich sie nach dem im Text Gesagten eher erst in nachdemosthenische Zeit setzen.

[1] Dass es hie und da sich nachweisen lässt, darüber u. Cap. VII Aa. Vergl. Demosth. c. Pantain. 5 (967).

in der Weise, dass er sofort vom Käufer zurückpachtete. So nähert sich die *πρᾶσις ἐπὶ λύσει* der Hypothek.

Es liegt nun ungemein nahe, eine Entwicklung der Hypothek aus der *πρᾶσις ἐπὶ λύσει* und eine Verdrängung der letzteren durch die erstere anzunehmen; dagegen spricht aber, dass sich die *πρᾶσις ἐπὶ λύσει* nicht höher hinauf als die Hypothek nachweisen lässt und dass die *πρᾶσις ἐπὶ λύσει* sich noch lange erhalten zu haben scheint.

Auch die Betrachtung der ausserattischen Quellen ergibt dasselbe Bild; aus Amorgos liefern die Inschriften eine *πρᾶσις ἐπὶ λύσει* (Athen. Mitteilg. I 346 „eine ältere Inschrift") und zwei *ἀποτιμήματα προικός*, in Tenos treffen wir – im dritten oder zweiten Jahrhundert (Recueil I pg. 88) – *πρᾶσις ἐπὶ λύσει* neben Dotalhypothek, in Lemnos einmal *πρᾶσις ἐπὶ λύσει* (Horos 59). – Hypothek findet sich ausserdem in Mykonos für den Fall der Dosbestellung (s. u. Cap. IV 4a); in Verbindung mit Bürgschaft in Delos[1] und Delphi[2] für den Fall des Darlehns und der Pacht; Hypothek allein für den Fall des Darlehns und verwandtes in Naxos[3], Ephesos[4], Amorgos[5], Kyme[6], Thera[7], Cos[8], für den Fall der Bürgschaft in Amorgos[9]. Über eine Reihe von zweifelhaften Fällen s. die Anmerkung[10].

[1] Bull. de corr. hell. VI pg. 26, XIV pg. 453.

[2] Bull. de corr. hell. V pg. 163—165 (2. Jahrhundert).

[3] Horos 66.

[4] Im sog. Notstandsgesetz (84 v. Chr.), s. vorläufig Recueil I pg. 30 ff.

[5] Horos 65.

[6] Strabo XIII 3, 6.

[7] C. I. Gr. 2448 (Beginn des 2. Jahrh.), Ross inscr. graec. ined. II 198.

[8] Ross l. c. III 311 B.

[9] Horos 64; es ist nicht auffallend, dass Amorgos, welches *πρᾶσις ἐπὶ λύσει* kennt (s. o.), ausser im Falle der dos gerade noch im Fall der Bürgschaft die Hypothek kennt; die Verpflichtung des Bürgen ist erst eine eventuelle; bei dem Darlehn, für welches in Horos 65 Hypothek in Amorgos erscheint, handelt es sich nur um einen kleinen Betrag.

[10] Hierher rechne ich die Fälle, die ich wegen der Beschaffenheit des Pfandobjekts für zweifelhaft halte, die unten Cap. II 2 erwähnten

So stehen Hypothek und πρᾶσις ἐπὶ λύσει im griechischen Rechte nebeneinander, ohne dass es möglich wäre, der einen Form ein höheres Alter als der anderen zu geben; man darf und muss daher wohl annehmen, sie seien gleich alt. Das ist nun aber auch gar nicht auffallend, sobald man die Rechtsgeschichte anderer Völker zu Rate zieht: πρᾶσις ἐπὶ λύσει und Hypothek sind die zwei Typen[1] der Sicherung: Bar- und Kreditsicherung; in älterer Zeit bei unentwickelten Verkehrsverhältnissen und mangelhafter Rechtspflege wird die schwerere Form vorgezogen werden, namentlich da, wo der Gläubiger etwas sicher aufgibt, er will vom Kreditsuchenden jetzt schon etwas in die Hand bekommen (beati possidentes!); die leichtere Form wird sich ursprünglich auf wenig Fälle beschränken, wo das Risiko des Gläubigers gering ist, wo noch gar nicht feststeht, dass er überhaupt im Resultat etwas zu fordern haben wird; sie erobert sich aber mit der Zeit mehr Terrain. Je langsamer die Hypothek sich entwickelt, je länger neben ihr die πρᾶσις ἐπὶ λύσει steht, je mehr beide auf gleichem Boden gewachsen sind, desto grösser wird — abgesehen von der eben erwähnten Grunddifferenz — die Ähnlichkeit beider Institute sein. Dies wird sich in Cap. VII zeigen.

Kennen die Griechen neben πρᾶσις ἐπὶ λύσει und Hypothek an Immobilien auch ein Faustpfand an Immobilien? Wo πρᾶσις ἐπὶ λύσει in Übung ist und eine Nutzung des

---

Verpfändungen von Knidos, Klazomene, Lebedos; ausserdem die Verpfändungsverbote (s. u. Cap. III A 1 und 4), wo kurzweg von ὑποθεῖναι oder θεῖναι die Rede ist, schliesslich die in den athen. Mitteilg. IV pg. 147 publizierte Inschrift von Mantinea, die ὑποθήκας erwähnt, deren Inhalt im übrigen aber nicht entziffert werden kann.

[1] Gerade so wie im römischen Recht fiducia und Hypothek, im deutschen Recht ältere und neuere Satzung; für die Gleichaltrigkeit der beiden Satzungsformen des deutschen Rechts s. Heusler, Instit. d. deutschen Privatrechts II pg. 131. Vergl. auch das Nebeneinanderbestehen beider Formen im babylonischen Recht: Kohler und Peiser, aus dem babyl. Rechtsleben pg. 24 ff.

Pfandobjekts auf diese Art — sei es durch Selbstnutzung oder Verpachtung und Bezug eines Pachtzinses — möglich ist, wird man ein Faustpfand an Immobilien wohl vergeblich suchen; wo πρᾶσις ἐπὶ λύσει nicht oder nicht mehr gilt, ist Raum für das Institut des Faustpfands. Es wird sich unten in Cap. VII zeigen, dass Faustpfand an Immobilien höchst selten nachweisbar ist und mehrere Stellen unrichtiger Weise auf ein solches bezogen worden sind. Im allgemeinen wollte man wohl den Schuldner im Besitz der Sache lassen und begnügte sich damit, entweder Eigentum an derselben zu erwerben (πρᾶσις ἐπὶ λύσει), oder sie sich als eventuelles Exekutionsobjekt anweisen zu lassen (Hypothek).

Das umgekehrte ist der Fall bei Mobilien; soll die Sicherung des Gläubigers durch solche erfolgen, so ist der Gläubiger nur sicher, wenn er die bewegliche Sache in die Hand bekommt; bleibt sie in der Hand des Schuldners, so kann dieser sie vernichten und weiter begeben, so dass dem Gläubiger das beste dingliche Recht an der Sache möglicherweise nichts nützt, weil er die Sache nicht mehr findet; beide Gefahren sind bei Immobilien klein, letztere wenigstens da, wo für Publizität von Eigentum und Pfandrecht genügend gesorgt ist. Die Sicherung kann nun so erfolgen, dass der Gläubiger Eigentumsbesitz erhält (πρᾶσις ἐπὶ λύσει) oder Faustpfandbesitz; für das letztere gebrauchen die Griechen παρακατατιθέναι, κατατιθέναι[1], παρατιθέναι, Ausdrücke, die auch für das Depositum verwendet werden und aus denen bereits hervorgeht, dass das Eigentum bei dem Schuldner verbleibt, gewöhnlich aber ἐνέχυρον τιθέναι. Einen Fall der πρᾶσις ἐπὶ λύσει von Mobilien bietet Demosth. g. Apaturios, doch scheint dort der Schuldner im Besitz geblieben zu sein. Das Normale ist jedenfalls Besitzübertragung ohne Eigentumsübertragung: Faustpfand; die Übertragung von

[1] Κατατιθέναι ist z. B. der Ausdruck der Tafel von Gortyn.

Eigentum auf den Gläubiger hätte diesem zu viel gewährt weil er zu leicht das Einlösungsrecht des Schuldners hätte illusorisch machen können.

Daneben kommt nun auch bei Mobilien eine Verpfändung ohne Besitzübertragung auf den Gläubiger vor: im Falle des Seedarlehns; der Unsicherheit der Forderung geht hier die Unsicherheit des Pfandes parallel; dem Risiko, das der Gläubiger trägt, steht die Gewinnchance gegenüber; bei der Pfandbestellung wird mit besonderer Vorsicht verfahren (Tauglichkeit des Objekts, erste Hypothek) und der Schuldner vom Gläubiger wohl auch während der Fahrt kontrolliert[1]. Ausser im Falle des Seedarlehns finde ich Verpfändung von Mobilien ohne Besitzübertragung nur bei Demosth. c. Apatur. 8 (894). Der Fall ist in mehreren Beziehungen lehrreich: Apaturios hat sein Schiff für ein Seedarlehn verpfändet, die Gläubiger sind im Begriff, durch Embateusis ihr Pfandrecht geltend zu machen; um sie bezahlen zu können, nimmt er wieder Geld auf, verpfändet das Schiff im Wege der πρᾶσις ἐπὶ λύσει, behält aber den Besitz. Im Falle des Seedarlehns hatte die Hypothek genügt, für das neue Darlehn muss sich der Schuldner zur πρᾶσις ἐπὶ λύσει bequemen, wenn er Geld bekommen und doch das Schiff in Besitz behalten will. Mit dem Gesagten soll nicht behauptet sein, dass Hypothek an Mobilien in anderen Fällen als Seedarlehn undenkbar sei; üblich war sie aber gewiss nicht, eben weil sie dem Gläubiger zu wenig Sicherheit bot.

Aus all dem Gesagten ergibt sich folgendes:

Bei Immobilien das normale: πρᾶσις ἐπὶ λύσει (pignus mancipatum), daneben, ursprünglich nur für vereinzelte Fälle (Dos, Pacht): Hypothek (pignus conventum).

Bei Mobilien das normale: Faustpfand (pignus traditum), daneben für vereinzelte Fälle (Seedarlehn): Hypothek (pignus conventum).

[1] S. hierüber vorläufig z. B. Platner, Prozess II pg. 356.

Die Entwicklung geht wenigstens bei Immobilien dahin, der Hypothek ein grösseres Anwendungsgebiet zu verschaffen[1].

Bisher war nur vom gegebenen Pfand die Rede; neben dem gegebenen Pfand kennt das griechische Recht das genommene Pfand; die beiden Institute haben, wie sich unten ergeben wird (Cap. VII B), teilweise verschiedene Behandlung erfahren; auch das genommene Pfand heisst: **ἐνέχυρον**, ein Pfand nehmen, pfänden: **ἐνέχυρον λαμβάνειν**, **ἐνεχυράζειν**. — Die Pfändung erfolgt auf Grund eines Urteils oder Urteilssurrogates s. u. Cap. V C.

[1] Mit dem im Text Gesagten ist auch die Controverse Dareste-Szanto entschieden. Dareste ist insofern Recht zu geben, als er die Hypothek für die ältere Zeit hinter der *πρᾶσις ἐπὶ λύσει* zurücktreten lässt und gleichartige Behandlung beider Institute annimmt (s. darüber u. Cap. VII); hingegen irrt er m. E. mit der Annahme, es sei die Hypothek aus der *πρᾶσις ἐπὶ λύσει* entstanden. — Die Ansicht von Szanto steht im Widerspruch mit der im Text vorgetragenen; nach seinen Ausführungen ist die Hypothek eher älter als die *πρᾶσις ἐπὶ λύσει*, diese selbst gekünstelt: das erstere ist vom Standpunkt der vergleichenden Rechtsgeschichte aus sehr unwahrscheinlich, das letztere ist nicht richtig und die Berufung auf die fiducia unzutreffend. Die Herleitung der Hypothek aus der Schuldknechtschaft halte ich für verfehlt; es mag sein — bewiesen ist es nicht, — dass in der halikarnassischen Inschrift (s. u. Cap. II 4 Anm.) bereits eine „mildere" Form der Schuldknechtschaft vorliegt; jedenfalls hat die Schuldknechtschaft fortbestanden, als die Hypothek schon längst zur Geltung gelangt war (s. Mitteis, Reichsrecht und Volksrecht pg. 445 ff.) und Szanto nimmt selbst für die halikarnassische Inschrift Nebeneinanderbestehen von Hypothek (I. Teil) und Schuldknechtschaft (II. Teil) an; die beiden Institute sind ihre eignen Wege gegangen und nach dem im Text Gesagten ist es nicht nötig, nach einem besonderen Entstehungsgrund der Hypothek zu forschen. Richtig und sehr wertvoll sind aber die Ausführungen Szantos über Bedeutung und Funktion der *πρᾶσις ἐπὶ λύσει* und ihre Verwendung im Verkaufsregister von Tenos (s. u. Cap. VII Aa).

Zweites Capitel.

Das Pfandobjekt.

1. Pfandobjekt kann sein jede bewegliche oder unbewegliche Sache.

Unter den beweglichen Sachen erscheinen in den Quellen besonders Geräte aus Edelmetall[1], wie goldene und silberne Schalen, Trinkgeschirre, Kränze, daneben gelegentlich auch unbearbeitetes Metall z. B. *χαλκός*, das dann erst noch gewogen werden muss[2]. — Sklaven werden sowohl allein als namentlich in Verbindung mit einem *ἐργαστήριον* (Fabrik, Werkstätte) verpfändet; gewöhnlich wird dabei eine bestimmte Zahl der Sklaven genannt; z. B. die zwanzig Bettgestellmacher des Moiriades, die 30 Bergwerksarbeiter des Pantainetos[3], mehrmals aber auch einfach „eine Fabrik mit den Sklaven"[4]. — Im Handelsleben spielt die Verpfändung von Schiff, Schiffsladung, Schiffsgerät eine besondere Rolle. Vieh und Sklaven erscheinen als bevorzugte Objekte des Pfändungspfandes.

Unter den unbeweglichen Sachen werden *χωρίον* und *οἰκία (οἴκημα, οἰκόπεδον)* oft einzeln, oft verbunden, erwähnt;

---

[1] S. z. B. Demosthenes g. Spudias 11 (1031), g. Nikostratos 9 (1249). Näheres bei Büchsenschütz, Besitz und Erwerb pg. 485.

[2] Demosth. g. Timotheos 21 (1190), 52 (1199); das Entgegennehmen und Wägen des Pfandes wird hier als Sklavenarbeit bezeichnet: *οὐδ' αὖ ὁ πατὴρ ἔμελλεν αὐτὸς οὔτε οἴσειν τὸν χαλκὸν οὔτε στήσεσθαι, ἀλλ' οἰκέται ἦσαν αὐτῷ, οἳ παρελάμβανον.*

[3] Demosth. c. Aphob. I. 9 (816.) c. Pantain. 4 (967).

[4] Horoi 40—42.

dazu treten gelegentlich als mitverpfändet Zubehörden wie ὕδωρ προσόν[1], ἐπικύρβια[2]; mit ländlichen Grundstücken scheint auch das nötige Bewirtschaftungsmaterial, σκεύη γεωργικά, verpfändet zu werden, wenigstens mutet Demosthenes Onetor zu, er hätte es sich nicht sollen gefallen lassen, dass Aphobos Geräte von dem — von Aphobos an Onetor — verpfändeten Grundstück wegnahm[3]. — Mehrmahls werden συνοικίαι, Miethäuser[4], von dem Vermieter verpfändet.

2. Kennt das griechische Recht auch ein Pfandrecht an Forderungen (pignus nominis)? Das wird von denjenigen angenommen, die in der Rede des Demosthenes gegen Lakritos eine Verpfändung des Frachtgeldes finden, indem sie dort ναῦλον mit Frachtgeld übersetzen, so z. B. von Platner, Prozess II pg. 303; aber es nötigt nichts zu dieser Übersetzung[5]. Doch kommen Fälle vor, die einem Forderungspfand ganz nahe kommen, Fälle, in denen nicht eine Sache selbst, sondern der durch Verkauf aus einer Sache zu erzielende Erlös verpfändet wird; so wird z. B. in Knidos[6] verpfändet der Erlös aus einer Säulenhalle (τὸ γεννηθὲν ἐκ τῆς

---

[1] Horos 5. Vgl. Register von Tenos § 40: τὰ ὕδατα τὰ προσόντα; in diesem Register finden sich überhaupt mehrmals Erwähnungen des Wassers s. z. B. § 23: ὕδατος ἀγωγὰς τὰς οὔσας τῶν χωρίων τούτων; § 36: τὰ ὕδατα ὅσα ἐστὶ τῆς γεωργίας.

[2] Horos 64 von Amorgos; die Herausgeber des Recueil übersetzen mit objets mobiliers qui garnissent; vielleicht ist nichts anders als die mehrmals erwähnten σκεύη zu verstehen; vgl. Register von Tenos § 36: χωρίον καὶ κέραμον τὸν ὄντα καὶ θύ[ρας τὰ]ς ἐπούσας καὶ τὰ ἄλλα σκεύη.

[3] Demosth. c. Onetor I 28 (871); vgl. Register von Tenos § 40; χωρίον . . . καὶ τὰ σκεύη ὅσα ἐστὶν τῆς γεωργίας.

[4] Über Miethäuser überhaupt Böckh, Staatshaushaltung der Athener, 3. Aufl. I pg. 83; über den Unterschied zwischen οἰκία und συνοικία Aischin. c. Timarch. 124.

[5] S. Sieveking, Seedarlehn des Altertums pg. 20, die dort zitierten und ausser ihnen Dernburg, Pfandrecht I pg. 72 Anm. 26.

[6] Inschrift, publiziert von Dareste im bulletin de correspondance hellénique IV 341 ff.; Dareste setzt die Inschrift in das dritte Jahrhundert.

στοᾶς) und weiter ausgeführt, dass sich dies beziehe auf den Verkauf des Materials (Säulen, Holz, Thon, Ziegel) einer abzubrechenden Säulenhalle. Ähnlich lassen sich die Klazomenier Öl vorschiessen und verpfänden dafür den aus diesem Öl erzielten Kaufpreis.[1] Worin in solchen Fällen die Wirkung des Pfandrechts bestand, ob besonders der Pfandgläubiger eine Klage gegen den Dritten — den Käufer — erhielt, lässt sich nicht festellen, doch wird in der Inschrift von Knidos ausdrücklich bestimmt, dass der Käufer den Kaufpreis an die städtische Kasse zu bezahlen habe[2]. Ein ähnlicher Fall findet sich im Sympolitievertrag zwischen Teos und Lebedos[3], wo die Gesandten von Lebedos ein Darlehen wünschen, aus dem sie Getreide kaufen und weiterverkaufen wollen, und das gewünschte Geld *εἰς ὑποθήκην* empfangen; damit soll wohl gesagt sein, dass das aus dem Gelde angeschaffte verpfändet sein solle[4].

3. Staatsrechtlich von besonderer Bedeutung sind die mehrmals vorkommenden Verpfändungen von Einkünften (*πρόσοδοι*), die Gemeinwesen sowohl Einheimischen als Fremden gegenüber vornehmen. So haben nach dem Berichte des Aischines (c. Ktesiphon 104) die Oreiten dem Demosthenes für ein Talent ihre *δημόσιαι πρόσοδοι* verpfändet und davon Zins bezahlt; die Tempelkasse von Delos gab an Gemeinden Geld aus *ἐπὶ ὑποθήκει ταῖς προσόδοις ταῖς δημοσίαις*[5]. So werden auch in der vorhin erwähnten Inschrift von Knidos einheimischen Gläubigern bestimmte genau bezeichnete Gemeinde-Einnahmen verpfändet[6], ja sogar in zweiter Hypo-

---

[1] Aristot. Oecon. II 2, 26: *ὑποθήκης γενομένης τῆς τοῦ ἐλαίου τιμῆς.*

[2] Wahrscheinlich befanden sich in dem mit *οἱ δὲ ταμίαι* beginnenden Satze am Ende der Inschrift Bestimmungen über die Ablieferung der Eingänge an die Gläubiger.

[3] [4] Dittenberger, sylloge inscriptionum Graecarum 126 = Lebas et Waddington 86; die letzteren übersetzen mit prêter sur hypothèque, ohne anzugeben, was sie als Gegenstand des Pfandrechtes betrachten.

[5] Homolle im bulletin de corresp. hell. VI pg. 69.

[6] Näheres über die einzelnen Einkünfte bei Dareste l. c.

thek[1]. Leider lässt sich auch hier in keiner Weise feststellen, wie ein solches Pfandrecht realisiert werden konnte[2].

4. Es gibt Sachen, die nach positiver Rechtsvorschrift nicht verpfändet werden dürfen, so nach Diodor[3] in den meisten griechischen Staaten: *ὅπλα καὶ ἄροτρον καὶ ἄλλα τῶν ἀναγκαιοτάτων;* in Elis bestimmte das Gesetz des Oxylos[4], dass niemand sein Grundstück über einen gewissen Teil hinaus belasten dürfe.

Verpfändung einer res sacra ist zweimal nachweisbar (*εἰς τὴν τῆς πόλεως χρείαν ἱερὰ ποτήρια* in Olbia[5], *τράπεζα* des Zeus Hoplosmios in Methydrion[6]) und wird als gültig betrachtet.

Verpfändung von Kindern war wie der Verkauf von Kindern[7] ausserhalb Attikas — wo sie wie dieser[8] zweifellos verboten war — wohl nicht selten, direkt nachweisbar ist sie für Plataeae; wenigstens spricht Isokrates von Kindern, die wegen kleiner Schulden sich in Sklaverei befinden[9].

---

[1] *ὑποκεῖσθαι αὐτοῖς — κομισαμένων οἷς πρότερον ἐπετέθησαν.*

[2] Über die Verpfändung von Gemeinde-Einnahmen, Steuern etc. s. z. B. Franken, das französische Pfandrecht im Mittelalter pg. 195; Meili, Schuldexekution und Konkurs gegen Gemeinden pg. 37. Meili erwähnt pg. 11 einen modernen Rechtsfall, wo die Stadt Florenz die Octroigebühren verpfändet hatte in der Meinung, dass bis zur gänzlichen Tilgung der Schuld die Octroibeträge direkt von den Octroistationen der Gläubigerschaft abgeliefert werden sollten. — Ähnlich wird man sich diese griechischen Verpfändungen zu denken haben.

[3] Diodor I 79, dazu Thalheim, griechische Rechtsaltertümer pg. 88 Anm. 4. Vgl. auch Syr. röm. Rechtsbuch § 112, wo allerdings nicht von Gegenständen gesprochen ist, die nicht verpfändet werden dürfen, sondern von solchen, die in einer Generalhypothek nicht inbegriffen sein sollen. —

[4] Aristot. Pol. VI 2, 5.

[5] CIGr. 2058; die Archonten verpfänden sie für eine Schuld der Stadt.

[6] Dittenberger Syll. 178; vgl. aber bezüglich der Stellung der Tempels in diesem Fall Dittenberger, Hermes XVI pg. 183, 184.

[7] Dazu im allgemeinen Mitteis, Reichsrecht und Volksrecht pg. 358 ff.

[8] Plutarch, Solon 23.

[9] Isocr. Plataicus 48. —

Auch Selbstverpfändung wird für diejenigen Orte, wo Personalexekution und Schuldknechtschaft galt, möglich gewesen sein[1].

5. Auch eine Generalhypothek ist dem griechischen Recht nicht fremd, wiewohl m. E. die von den Herausgebern des Recueil (I pg. 140, 141) angerufenen Stellen des Demosthenes und der Schuldvertrag zwischen Praxikles und der Stadt Arkesine (Bull. de corr. hell. VIII pg. 23 ff.) die Zulässigkeit einer solchen zu beweisen nicht im Stande sind.

Die Stellen des Demosthenes (c. Timoth. 12 [1188], c. Aphob. II 17 [841], c. Polykl. 7 [1208]) halte ich deswegen nicht für schlechtweg beweistüchtig, weil wir wohl jeweilen erfahren, dass jemand „das Vermögen" oder „alles" verpfändet habe, nicht aber, dass er das ganze Vermögen als ganzes an einen verpfändet habe; in der Rede g. Polykles scheint mir dies unwahrscheinlich, weil der Sprecher nachher 13 (1210) weitere Pfandrechte bestellt, ohne dass von Aufhebung des ersten oder von Schwierigkeiten bei Errichtung der späteren die Rede wäre; in der Rede g. Timotheos ist unter *οὐσία* nur der noch nicht verpfändete Teil des Grundeigentums verstanden[2]; in der Rede g. Aphobos schliesslich hat Demosthenes durch Verpfändung an mehrere (*δανείσαντες.* 18), übrigens nicht sein ganzes Vermögen (s. *τὰ περιόντα.* 18) erschöpft.

Im Schuldvertrag des Praxikles wird allerdings alles an einen Gläubiger „verpfändet", aber es handelt sich dabei

---

[1] Vgl. über Personalexekution im griechischen Rechte: Mitteis, Reichsrecht und Volksrecht pg. 445 ff.; Kohler, Shakespeare vor dem Forum der Jurisprudenz I (Kaufmann von Venedig) pg. 12 ff. Über die Aufhebung der Personalexekution in Attika durch Solon s. jetzt Aristoteles *Ἀθην. πολιτ.* c. 6. Ein Fall von Personalexekution in der Inschrift von Halikarnass Bull. de corr. hell. IV 295 (dazu Haussouiller a. a. O. und Szanto, Wiener Stud. IX 284—286), wo die Schuldner verkauft werden *καὶ αὐτοὶ καὶ ὧν ἐκγένωνται*, d. h. mit ihren Familien, wie aus pg. 308 Zeile 32, 43, 48 hervorgeht, wo ausdrücklich Personen ausgenommen zu werden scheinen.

[2] Cf. 11, 12 (1187).

nicht um Einräumung eines Pfandrechtes, sondern eines Pfändungsrechtes[1]; der Gläubiger erhält dadurch nur eine „uneigentliche Generalhypothek, die jedem echten Pfandrecht nachsteht"[2]. Das Wort *ὑπέθετο* genügt nicht zur Annahme eines wahren Pfandrechts. Über Pfändung und Pfändungsklausel s. u. Cap. V C.

Damit soll nicht behauptet werden, dass im griechischen Recht eine echte Generalhypothek unmöglich gewesen sei; nachweisbar ist sie m. E. für Tenos, wo der Ehemann *τὰ ἑαυτοῦ ἅπαντα* verpfändet (*ἀποτιμᾶν*)[3] bei Empfang der dos; dass dabei an ein echtes Pfandrecht gedacht ist, geht aus der Mitwirkung der Frau bei den Verkaufsgeschäften des Ehemanns hervor. (S. u. Cap. VIII A. b.) Wo Horoi[4] nachweisbar sind [namentlich in Attika], wird man sich aber eher gegen die Annahme einer wahren Generalhypothek entscheiden; hier war da, wo ein Spezialpfand nicht genügte, das nächstliegende eine Verbindung von Spezialpfand und Pfändungsklausel[5].

6. Der Pfandgläubiger wird sich in der Regel nur mit einem solchen Pfande begnügt haben, dessen Wert die Höhe

---

[1] Das hat schon Dernburg, Pfandrecht I pg. 72 richtig erkannt; s. jetzt Mitteis, Reichsrecht und Volksrecht pg. 413 ff.

[2] Mitteis a. a. O. pg. 418, 438 ff. — Seinen Beispielen eigentlicher Pfandbestellung auf pg. 439 wäre noch hinzuzufügen CICr. 3467 = Lebas et Waddington 628.

[3] Dies Wort wird, soweit ich sehe, nirgends für die Bestellung eines Pfändungsrechtes erwähnt.

[4] S. u. C. VI.

[5] Es mag schliesslich noch hingewiesen sein auf die in den arsinoitischen Tempelrechnungen (Wilken Hermes XX 430 ff.) a. d. Jahre 215 n. Chr. häufig erscheinende Formel *ἐπὶ ὑποθήκῃ* oder *ὑπαλλαγῇ τοῖς διὰ τῶν χρηματισμῶν ὑπάρχουσι*; der Darlehensschuldner verpfändet sein ganzes bei den Steuerbehörden deklariertes Vermögen; es liegt hier wohl eine wahre Generalhypothek vor, die um so weniger bedenklich ist, als das Pfandobjekt aus der Steuerdeklaration jederzeit erkannt werden kann; gelegentlich begnügte man sich mit der Verpfändung eines einzelnen Vermögensstücks, vgl. pg. IX 17 (Wilken l. c. pg. 438) *ἐπὶ ὑπαλλαγῇ οἰκίας*.

der Forderung erreichte oder überstieg[1]; technischer Ausdruck für diese Eigenschaft des Pfandes ist: *ἀξιόχρεως*, seltener *ἀντάξιος*, *ἄξιος*, *ἀσφαλής*[2]. Ausser der Gleichwertigkeit wird wohl auch verlangt, dass das Pfand ein Grundstück[3] oder zum mindesten, dass es *ἔγγειον* im Gegensatz zu *ὑπερπόντιον* sein soll[4]. So wird im Volksbeschluss der Delphier über die Verwendung der von Attalus II der Stadt geschenkten Summe verfügt, dass ein Teil des Geldes gegen Zins ausgeliehen werden solle; der Darlehnsempfänger soll als Pfand (*ὑπόθεμα*) ein Grundstück anweisen, dessen Wert dem doppelten Betrag der Forderung gleichkomme[5]. Es erfolgt wohl auch eine eigentliche Schätzung des angebotenen Pfandes; gesetzlich vorgeschrieben ist sie in Attika für den Fall der sog. *μίσθωσις οἴκου* (s. hierüber unten Cap. IV 3), wo die vom Archon delegierten *ἀποτιμηταί* die vom Pächter angebotenen Pfänder besichtigen; in ähnlicher Weise scheint in der vorhin erwähnten delphischen Inschrift eine Besichtigung des Pfandes durch die Epimeleten vorgesehen zu werden, wenn von Deckung der Reiseauslagen der Epimeleten (*ἐφόδια*) die Rede ist. —

[1] *μὴ ἔλαττον ἢ ἀλλὰ πλέον αὐτῆς* (i. e. *τῆς προικός*) Bekker anecd. graec. 423.

[2] S. z. B. Bekker anecd. graec. 200. 423. 437. CIGr. 2448. C. I. A. II 578. 1059.

[3] CIA. II 578.

[4] CIGr. II 2448; cf. Bull. de corr. hell. VIII pg. 23.

[5] Bull. de corr. hell. V pg. 163 (30); *ἔστω δὲ ὁ ἀγρὸς ἄξιος τοῦ διδομένου ἀργυρίου διπλασίου*.

Drittes Capitel.

Verpfänder und Pfandgläubiger.

A. Der Verpfänder.

1. Als Verpfänder einer Sache erscheint in der Regel der Eigentümer der Sache. Das griechische Recht kennt nun zwar keinen juristischen terminus technicus für unser Eigentum; aber die Sache selbst kann auch dem griechischen Recht nicht fremd gewesen sein: ein gegen jedermann verfolgbares dingliches Recht an der Sache, kraft dessen der Berechtigte über die Sache verfügen kann, wie er will[1]. Zur Bezeichnung des Eigentumsbegriffes werden Verbindungen mit *κύριος* und *κτᾶσθαι* verwendet[2]; nur bei den Lexikographen findet sich *δεσπότης* = Eigentümer, dominus.

Bekker anecd. graec. 285 = Etymol. magn. s. *ὅρος*:

---

[1] Für das attische Recht Meier-Schoemann-Lipsius II pg. 670 („attisches Eigentum der Umfang aller Rechte an einer Sache, um mit ihr willkürlich zu verfahren"); Leist, der attische Eigentumsstreit im System der Diadikasieen pg. 44; Platner, Prozess II pg. 291.

[2] S. das Fragment des Theophrast bei Stobaeus Flor. XLIV 22 abgedruckt bei Thalheim, griech. Rechtsaltertümer pg. 128 ff. und Hofmann, Beiträge zur Geschichte des griechischen und römischen Rechts pg. 76 ff., wo der Eigentumserwerb mit *κτῆσις* (IV) und *κατακυρωθῆναι* (I), der Eigentümer mit *κύριος* (VII) bezeichnet wird; dazu vergleiche man die Wendung *κεκτῆσθαι κυρίως* in einer Inschrift aus dem Theophrasts Heimat (Lesbos) benachbarten Mylasa (Lebas et Waddington 378) und *κυριεία* in einer Inschrift aus dem ebenfalls benachbarten Olymos (Lebas et Waddington 332). Bemerkenswert und verwendbar ist auch die Definition von *οἰκεῖος* bei Aristot. Rhet. I 5, 7: *ὅρος-τοῦοἰκεῖα εἶναι ἢ μή, ὅταν ἐφ' αὑτῷ ᾖ ἀπαλλοτριῶσαι, λέγω δὲ ἀπαλλοτρίωσιν δόσιν καὶ πρᾶσιν.* — Vgl. auch die Wendung *κρατεῖν καὶ κυριεύειν* (für die Rechtsstellung des Käufers) Aeg. Pap. 71, 241, 282; 316: *κυρίως ἔχειν καὶ δεσποτικῶς κτᾶσθαι.*

ὅρος ἐστὶ σανίδιον . . . τοῖς χωρίοις ἐγκαταπηγνύμενον τοῖς ἐνεχυριαζομένοις πρὸς ἃ ὀφείλουσιν οἱ δεσπόται.

Die Verpfändungsbefugnis fehlt dem Nichteigentümer; sie fehlt dem gewöhnlichen Zeitpächter, sie fehlt aber auch dem Erbpächter. So bestimmt der Erbpachtvertrag von Mylasa bei Lebas und Waddington 404 u. a.:

„*μὴ ἐξέστω δὲ τοῖς μισθωσαμ[έ]νοις μήτε ἀποδόσθαι τὴν γῆν ταύτην μήτε ὑποθεῖναι μηδὲ ἄλλοις παραδοῦναι μηδ' ἐ[νέχ]υρα παρέχεσθαι πρός τι τῶν ὀφειλημάτων*

und die Tafel von Heraklea, welche eine Veräusserung des Pachtobjekts unter gewissen Cautelen zulässt in § 3, verbietet jede Verpfändung in § 14.

Anderwärts scheint die Frage, ob der Erbpächter das Pachtobjekt mit Pfandrechten belasten dürfe, anders geordnet zu sein; so in dem Erbpachtvertrag von Thisbe (C. I. Gr. Sept. I 2227 add.), den Dittenberger in einem Hallenser Programm W. S. 1891/92 veröffentlicht und besprochen hat. Am Ende des Vertrags wird dem Erbpächter die Verpfändung an einen *ξένος* verboten; man wird per argumentum a contrario annehmen dürfen, dass die Verpfändung an einen Einheimischen gestattet war[1] immerhin in der Meinung, dass der Pfandgläubiger auf keinen Fall mehr erhält, als der Verpfänder hatte, also höchstens Erbpachtrecht, nicht Eigentum. Von Bedeutung ist, dass dabei die griechischen Quellen nicht von einer Verpfändung der Emphyteuse, sondern immer von einer Verpfändung des emphyteutischen Grundstücks sprechen[2].

[1] Dittenberger bemerkt hierzu (pg. XI): . . oppignerandi facultas — utrum sine ulla cautela, nisi ut ne ad peregrinum ager perveniret, cultoris arbitrio permissa fuerit, an cum ea exceptione, si aut magistratus aut senatus aut populus Thisbensium consentiret, jure meritoque quaesiveris. — Nimmt man, wie dies im Text geschehen, nur eine beschränkte Wirkung der Verpfändung an, so wird man von der Notwendigkeit der Einwilligung des dominus emphyteuseos absehen können; der Text gibt für eine solche Notwendigkeit keinen Anhaltspunkt. Näheres über die Inschrift s. u. B. i. f.

[2] Über die Streitfrage, ob nach römischer Auffassung der verpfändende Emphyteuta sein Recht oder die Sache verpfändet, s. einer-

2. Verpfändung einer fremden Sache ist giltig, wenn der Eigentümer zustimmt. Eine solche Bewilligung wird bei Demosthenes c. Nikostrat. vom Sprecher dem Nikostratos erteilt[1] und ähnlich liegt wohl auch der Fall bei Plutarch Aratos (19), wo Aratos dem Aigias *τῶν ἐκπωμάτων τὰ πολλὰ καὶ τὰ χρυσία τῆς γυναικὸς* verpfändet, denn es ist nicht anzunehmen, dass der Ehemann Frauenvermögen verpfänden durfte.

3. Die Wirkung einer Verpfändung durch den Nichtverpfändungsberechtigten ist Nichtigkeit, es kommt kein Pfandrecht zu stande. Die Tafel von Heraklea bestimmt, dass, wer entgegen ihrer Vorschrift (s. o. 1) verpfände, *ὑπόλογος κατὰ τὰς ῥήτρας* sein solle; worin diese Sanktion bestand, wissen wir nicht.

Von besonderer Bedeutung ist die Frage, wie im Fall einer unerlaubten Verpfändung einer fremden Sache der Eigentümer gegenüber dem Pfandnehmer und dieser wiederum gegenüber seinem Verpfänder gestellt ist.

Aus den attischen Quellen können hieher gehören die Ausführungen des Demosthenes in der ersten Rede gegen Aphobos 25, 26 (821). Die Vormünder behaupten, dass ihnen Sklaven, die von Moiriades an den Vater des Demosthenes verpfändet worden waren, von Drittpersonen weggenommen worden seien; Demosthenes entgegnet, die Vormünder sollen angeben, wer diese *λαβόντες* seien und in welchem Prozess sie zur Herausgabe der Sklaven verurteilt worden seien (*πρὸς τίνα δίκην ἥττηνται περὶ αὐτῶν*). Es liegt nahe anzunehmen, dass — nach Vorgabe der Vormünder — Moiriades selbst nicht Eigentümer der von ihm zu Pfand gegebenen

---

seits z. B. Dernburg, Pfandrecht I pg. 221 (cf. Dernburg, Pandecten I § 260 Anm. 11), andrerseits z. B. Windscheid, Pandecten I § 219 Anm. 5, 6.

[1] L. c. 12 (1250): *τῶν . . κτημάτων σοι τῶν ἐμῶν κίχρημι ὅ τι βούλει, θέντα τοῦ ἐπιλοίπου ἀργυρίου ὅσον ἐνδεῖ σοι, ἐνιαυτὸν ἀτόκῳ χρῆσθαι τῷ ἀργυρίῳ;* später (13) heisst es dann, der Sprecher habe selbst — für die Schuld des Nikostratos — verpfändet. S. dazu unten Cap. X A.

Sklaven war und nun der wahre Eigentümer bei dem Pfandnehmer vindizierte.

Ex professo wird die oben erwähnte Frage erörtert in der Tafel von Gortyn. Es wird mehrmals der Fall besprochen, wo Verwandte über Vermögen von Verwandten durch Verkauf oder Verpfändung disponiert haben, wo das Gesetz eine solche Disposition über fremdes Vermögen untersagt.[1] Verkauf und Verpfändung werden dabei durchaus gleich behandelt. Es wird bestimmt, dass die Sache bei dem Eigentümer (*ἐπ 'αὐτῷ*) bleibe und sodann von einer Klage gesprochen, die der Käufer oder Pfandnehmer gegenüber dem Verkäufer oder Verpfänder anstellt, *αἴ κα νικαθῆι*, wenn er unterliegt. Mit diesem Unterliegen kann nur Unterliegen im Prozess zwischen Käufer oder Pfandnehmer einerseits und dem wahren Eigentümer andrerseits verstanden sein. Man hat sich also den Fall so zu denken: der wahre Eigentümer verlangt seine Sache heraus vom Käufer oder Pfandnehmer; er dringt mit seiner Klage durch: nun nimmt der Käufer oder Pfandnehmer Regress gegenüber seinem Verkäufer oder Verpfänder; die Klage geht in duplum (*διπλεῖ καταστασεῖ*) und wenn ein weiterer Schade da ist, bezüglich dieses Schadens in simplum (*καί τι κ'ἄλλ' ἄτας ἦι, τὸ ἁπλόον ἐπικαταστασεῖ*). Für den Fall des Verkaufes dürfte die Erklärung der Stelle besondere Schwierigkeiten nicht verursachen, der Betrag, der verdoppelt wird, ist gewiss der Kaufpreis, gerade so wie bei der römischen actio auctoritatis und der stipulatio duplae scil. pecuniae; dazu kommt der weitere Schade, der dann jedenfalls vom Kläger substanziiert und bewiesen werden müsste. Für den Fall der Verpfändung kennt das römische Recht, soweit unsere Kenntnis reicht, eine der Eviction beim Kauf gleichgeartete Haftung des Verpfänders nicht[2]; wie soll

---

[1] VI 12—31, 37—44, IX 7—24 und dazu Zitelmann Kommentar pg. 173 ff.

[2] Freilich ist ähnliches für das römische Recht schon als möglich oder wahrscheinlich bezeichnet worden, s. Gradenwitz, Interpolationen pg. 81.

man sich hier die Worte *διπλεῖ καταστασεῖ* erklären? man wird kaum zu einem anderen Resultat gelangen als: Verdoppelung der Forderung.

So die Entscheidung, wenn im Prozess zwischen Eigentümer und Käufer oder Pfandnehmer der Eigentümer siegt; unterliegt er, weil sich herausstellt, dass er nicht Eigentümer ist, so soll prozessiert werden, *ὀπε̃ κ' ἐπιβάλλει ε̃ Fέκαστο ἔγραπται;* als Kläger in diesem neuen Prozess ist wohl der freigesprochene Käufer bezw. Pfandnehmer zu denken, als Beklagter wiederum der Verkäufer oder Verpfänder,[1] es liegt am nächsten anzunehmen, dass die Klage auf Ersatz der Prozesskosten und allfälligen weiteren Schadens geht, vielleicht auch auf Kaution für Ausbleiben weiterer Störungen (cautio de non amplius turbando). Bernhöft[2] übersetzt im letzten Satze *αἰ* mit „ob" und sieht in dem zuletzt genannten Prozess wieder den Prozess zwischen Eigentümer und Käufer oder Pfandnehmer; das ist aber kaum richtig, denn gewiss soll das *αἰ δὲ νικάσαι* dem früheren *αἴ κα νικαθε̃ι* entsprechen.

Ob diese Bestimmungen des Stadtrechts von Gortyn allgemeingriechisches Recht enthalten, ob sie namentlich auch in Attika jemals gegolten haben, entzieht sich unserer Kognition.[3] Pollux (VIII 35) spricht nur von Eviction bei Kauf und lässt den Verkäufer nur auf den einfachen Kaufpreis haften.

Abgesehen von der *πρᾶσις ἐπὶ λύσει* (s. u. C. VII pg. 79) finde ich nur zwei Stellen, die auf eine Evictionshaftung des Verpfänders hinweisen würden: in Delphi erscheinen einmal Bürgen als *βεβαιωτῆρες τῶν ἐνεχύρων* (Hypothek)[4] und in einer attischen Inschrift ist von *βέβαια ποιεῖν* bei einer Verpfändung die Rede.[5] S. über die ganze Frage noch u. Cap. X A.

---

[1] Das ist wohl auch die Ansicht von Zitelmann a. a. O. pg. 175.

[2] Bernhöft, die Inschrift von Gortyn 1886 pg. 29.

[3] Mit dem duplum der *δίκη ἐξούλης* (s. u. Cap. XI) hat das duplum der Tafel von Gortyn kaum etwas zu thun.

[4] Bull. de corr. hell. V pg. 157 ff., vgl. u. Cap. XIII.

[5] Athen. Mitteil. IV 200 ff., vgl. u. Cap. IV pg. 47.

4. Auch dem Eigentümer kann die Verpfändungsbefugnis abgehen. Wir finden gesetzliche und testamentarische Verpfändungsverbote.

Unter den gesetzlichen sind in erster Linie diejenigen zu nennen, wo wegen der Natur des Pfandobjekts (Untauglichkeit) eine Verpfändung ausgeschlossen ist, s. darüber oben C. II, 4; zu diesen Fällen tritt hinzu das Verbot der Nachverpfändung, s. darüber unten C. IX B.

Ein testamentarisches Verpfändungsverbot bietet das sog. testamentum Epictetae (CIGr. 2448) von Thera, wo den im Testament bedachten verboten wird *μήτε ἀποδόσθαι τὸ Μουσεῖον . . . . μήτε καταθέμεν μήτε διαλλάξασθαι μήτε ἐξαλλοτριῶσαι:* ähnliches in einer verstümmelten Inschrift von Cos (Testament des Diomedon) bei Ross, inscript. graec. ined. III 311 B.[1]

Mehrmals erscheinen Verpfändungsverbote auf Sepulcralinschriften, z. B. CIGr. 3916 aus Hierapolis (Phrygia).

Wird entgegen einem Verbot verpfändet, so ist im Fall eines gesetzlichen Verpfändungsverbots die Verpfändung zweifellos nichtig; in den beiden anderen Fällen wird sie als gültig zu erklären sein;[2] dagegen wird die Sepulcralmult fällig.

5. Verpfänden kann nur der Handlungsfähige. Nach attischem Recht ist der minderjährige zu allen *συμβόλαια* (Rechtsgeschäften), die Person weiblichen Geschlechts, auch wenn sie das Alter der Mündigkeit erreicht hat, unfähig zu *συμβόλαια πέρα μεδίμνου κριθῶν.*[3] Dass Verpfändung zu den *συμβόλαια* gehört, steht ausser Zweifel. — Das griechische Recht

---

[1] V.: *μὴ ἐξῆμεν — μηδενὶ τὰ οἰκήματα — ἐξιδιάζεσθαι μηδὲ πωλ[εῖ]ν μηδὲ ὑποτιθέμεν.* —

[2] Im Testament des Epicteta wird lediglich gesagt, wenn einer der *συγγενεῖς* verpfänden wolle, sollen ihm die übrigen entgegentreten; sind alle mit der Verpfändung einverstanden, so ist die Verpfändung allerdings testamento contraria, aber nicht nichtig. —

[3] Isai. de Aristarch. her. X 10. Über die verschiedenen Erklärungen der Stelle und Begründung der im Text vertretenen Schulthess, Vormundschaft nach attischem Recht pg. 101 ff.

kennt Altersvormundschaft (ἐπίτροπος) und Geschlechtsvormundschaft (κύριος).

Da die unter Vormundschaft stehende Person nicht selbst allein handeln kann, muss entweder sie zusammen mit dem Vormund oder der Vormund muss an ihrer Stelle handeln.

Bei der Altersvormundschaft handelt in der Regel der Vormund an Stelle des Mündels; der Vormund ist κύριος τῆς οὐσίας, er hat die Verwaltung (διοικεῖν).[1]

Schulthess[2] nimmt an, dass nach attischem Recht „es dem Vormund ganz gewiss verboten war, etwas vom Vermögen seiner Mündel zu verpfänden". Das geht aber aus der von ihm angerufenen Stelle des Demosthenes m. E. nicht hervor; dem Vormund Aphobos wird dort nur zum Vorwurf gemacht, dass er die Sklaven, die von Moiriades dem Vater des Demosthenes verpfändet worden waren, sich selbst auch noch verpfänden lässt, hierauf sind auch die Worte εἰς τὰ ἡμέτερα[3] δανείσαντι zu beziehen; von einer Verpfändung von res pupilli ist nicht die Rede. Allerdings ist zuzugeben, dass es gewiss Pflicht des Vormundes, der das Mündelgut bewahren (σώζειν) soll, war, nur in Notfällen Pfandrechte auf Mündelvermögen zu legen, ein gesetzliches Verpfändungsverbot ist aber m. E. so wenig wie ein gesetzliches Veräusserungsverbot[4] anzunehmen. Dafür spricht auch die Tafel von Gortyn, die für bestimmte, nicht eruierbare Fälle eine Befugnis des Erbtochtervormunds vorsieht, Erbtochtergut zu

---

[1] S. Schulthess a. a. O. 116 ff.

[2] A. a. O. pg. 120; er beruft sich auf Demosth. g. Aphobos I 28 (822).

[3] Dabei ist allerdings zuzugeben, dass ἡμέτερα in erster Linie nicht das uns verpfändete, sondern das unsrige ist; aber Demosthenes kann in ungenauerer Redeweise sagen und sagt auch anderwärts, dass τὰ ὑποτεθέντα τῶν ὑποθεμένων seien, c. Aphob. II 18 (841); da nun sonst nirgends von einer Verpfändung von Mündelgut die Rede ist, wird man die Worte εἰς ἡμέτερα δανείσαντι in § 28 auf das in § 27 erwähnte Vorgehen des Aphobos zu beziehen haben.

[4] Gegen ein solches auch Schulthess a. a. O. pg. 119.

veräussern oder zu verpfänden.[1] Die Mitwirkung eines Vormundes bei Pfandgeschäften ist bezeugt in der Inschrift von Ephesos; es handelt sich dort zwar nicht um Bestellung, sondern um Exekution des Pfandrechts, dabei erscheint der Vormund *ὑπὲρ τοῦ ὀρφανοῦ* und neben ihm noch *συνορφανισταί*.[2]

In dem Register von Tenos finden wir auch Personen männlichen Geschlechts, also wohl minderjährige, *μετὰ κυρίου*,[3] so dass sie selbst als Kontrahenten auftreten und der Vormund mitwirkt. Wahrscheinlich hat aber auch hier der Vormund für den Mündel gehandelt; die Form *ὁ δεῖνα μετὰ κυρίου* ist deswegen gewählt, weil natürlich im Verkaufsregister als Käufer bezw. Verkäufer der Eigentümer eingetragen werden muss;[4] Eigentümer ist aber immer der Mündel, nicht der Vormund; gerade so wird auch der Prozess, der auf den Namen des Mündels geht, vom Vormund geführt.[5]

Bei der Geschlechtsvormundschaft scheint das Verhältnis umgekehrt zu sein; in der Regel erscheint die Frau *μετὰ τοῦ κυρίου*, gelegentlich wohl auch die Frau *καὶ ὁ κύριος*[6], nirgends wird der Geschlechtsvormund als für die Frau handelnd aufgeführt. Vergl. im allgemeinen H. Lewy, de civili condicione mulierum Graecarum 1885 pg. 5 ff. —; die Frage der Verpfändung ist in dieser Schrift nicht berührt.

---

[1] IX am Anfang s. *δικαίαν ἦμεν τὰν ὠνὰν καὶ τὰν κα[τάθεσιν]*. Zitelmann Komm. pg. 160.

[2] Recueil I pg. 32.

[3] Der Ausdruck *ἐπίτροπος* findet sich nicht, so dass in Tenos wohl Geschlechts- und Altersvormund *κύριος* hiessen.

[4] Derselbe Grund ist anzunehmen, wenn C. I. Gr. 3143, I 24 (Smyrna) der Mündel *δι' ἐπιτρόπου* zahlt, es handelt sich um Beiträge zu einem öffentlichen Werk; natürlich soll als Donator der Mündel gelten und genannt werden, aus dessen Vermögen das Geld in Wahrheit kommt.

[5] Schulthess a. a. O. pg. 114. 115.

[6] So in der Inschrift aus Amorgos, die in Athen. Mitteilg. I. pg. 346 (= Dittenberger Sylloge 438) abgedruckt ist: *Ἡγεκράτη καὶ ὁ κύριος Τελένικος;* die Ehefrau *καὶ ὁ κύριος* bei Zinszahlungen in Delos Bull. de corr. hell. XIV pg. 392.

Eine Verpfändung durch eine Frau unter Assistenz des Tutor zeigt der Horos 67 aus Aigiale (Amorgos); Pasariste verpfändet an Antenor Haus und Garten für ein Darlehn von 90 Drachmen *μετὰ κυρίου Σάμωνος*: ein anderes Beispiel in den Rechnungen der Hieropen von Delos Bull. de corr. hell. VI. pg. 26, 217; die Mitwirkung des Tutor bezieht sich dabei sowohl auf die Eingehung der Darlehnsschuld als auf die Bestellung des Pfandrechts.

Etwas anderes ist die Mitwirkung des Geschlechtsvormundes, wenn der Ehemann verpfändet; neben dem Ehemann erscheint die Ehefrau mit ihrem Geschlechtsvormund, so in dem Horos 66 aus Amorgos und ebenfalls in Tempelrechnungen von Delos Bull. de corr. hell. XIV pg. 453[1]. Die Mitwirkung der Frau wird als *συνεπιχωρεῖν* und *συνεπαινεῖν* bezeichnet, sie gibt mit ihrem *κύριος* ihre Zustimmung zu der Verpfändung. Es wird weiter unten (C.VIII A b) zu untersuchen sein, was diese Zustimmung bedeutet.

6. Auch juristische Personen: Gemeinden,[2] Tempel (Götter) erscheinen als Verpfänder; das nächstliegende ist auch hier, dass dabei bestimmte Gegenstände verpfändet werden (Spezialpfand), die im Eigentum der juristischen Person stehen, seien es nun res publicae in patrimonio populi oder res publicae publico usui destinatae. Ausser den öffentlichen Einkünften erscheinen z. B. eine Burg[3], eine Säulenhalle[4]. Die Exekution scheint dabei keinerlei Schwierigkeit zu bereiten; das beweist die hübsche Geschichte, die nach dem Zeugnis des Strabo, leider erfahren wir nicht wann, in Kyme

---

[1] Ein anderes Beispiel in der erwähnten Inschrift oben pg. 31 Anm. 6: der Ehemann Nikeratos verkauft auf Lösung seine Grundstücke unter Assistenz seiner Ehefrau und ihres *κύριος*; ähnliche Fälle in dem Register von Tenos.

[2] S. namentlich Szanto, Anleihen griechischer Staaten in den Wiener Studien VII 232 ff., VIII 1 ff. und Wachsmuth, öffentlicher Kredit in der hellenischen Welt während der Diadochenzeit Rhein. Mus. XL 283 ff.

[3] Athenaios XI pg. 508.

[4] Strabo XIII 3, 6.

passiert sein soll. Die Stadt hatte ein Darlehn aufgenommen und die *στοαί* verpfändet; da die Zahlung nicht pünktlich am Termin erfolgt, wird der Zugang zu dem Pfandobjekt von den Gläubigern versperrt; nur wenn es regnet, lassen die Gläubiger aus zarter Rücksicht (*κατ' αἰδῶ τινα*) die Bürger der Stadt in die Halle treten und laden hierzu durch Heroldsruf ein.

Öfters aber verlangt der Gläubiger Gemeinden gegenüber weitergehende Sicherheit, indem er sich nicht nur das Pfändungsrecht gegenüber dem ganzen Gemeindevermögen (*τὰ κοινὰ τῆς πόλεως*) sichert, sondern auch das Pfändungsrecht gegenüber den einzelnen Bürgern und Niedergelassenen der Gemeinde[1], vergl. namentlich die Schuldurkunden der Stadt Arkesine auf der Insel Amorgos aus dem zweiten Jahrhundert gegenüber Praxikles (Bull. de corr. hell. VIII pg. 23 ff.) und Alexandros (Athenaion X pg. 536 ff.).

B. Der Pfandgläubiger.

Pfandrechte erwerben kann jeder, der Rechte erwerben kann, also jeder Freie. Da nun aber nach attischem und überhaupt nach griechischem Recht Eigentum an Immobilien nur Bürgern zustehen konnte, anderen Personen nur dann, wenn ihnen die *γῆς καὶ οἰκίας ἔγκτησις* verliehen war[2], so entstanden Schwierigkeiten für das Pfandrecht an Grund-

---

[1] S. z. B. die Schuldurkunde des Praxikles: *ὑπέθετο δὲ Πραξικλῆς τά τε κοινὰ τῆς πόλεως ἅπαντα καὶ τὰ ἴδια τὰ Ἀρκεσινέων καὶ οἰκούντων ἐν Ἀρκεσίνῃ ὑπάρχοντα ἔγγαια καὶ ὑπερπόντια.* — Zu diesen Urkunden s. Wachsmuth, rheinisches Museum XL pg. 283 ff. und Goldschmidt, Zeitschrift der Savigny-Stiftung, roman. Abteilg. X (1889) 368 ff. — Über die Heranziehung der Gemeindegenossen für Schulden der Gemeinde im allgemeinen vergl. etwa Meili, Schuldexekution gegen Gemeinden pg. 3 ff., Giercke, deutsches Genossenschaftsrecht II pg. 383—386. 404. 405. 770, Sohm, die deutsche Genossenschaft pg. 20 ff.

[2] S. im allgemeinen Meier-Schömann-Lipsius II 671 ff., Thalheim, Rechtsaltertümer pg. 6 Anm. 1; Thumser, Untersuchungen über die attischen Metöken, Wiener Studien VII pg. 44 besonders Anm. 26.

stücken. So wird es dem Freigelassenen und Metöken Phormio, der von Pasio ein Bankgeschäft pachtweise übernimmt, schwer, Gelder einzutreiben, die Pasio *ἐπὶ γῇ καὶ συνοικίαις* ausgeliehen hatte und es lässt sich daher Pasio selbst für diese Beträge belasten[1].

Besonders beschäftigt sich mit der Verpfändung an einen Fremden der Erbpachtvertrag von Thisbe (C. I. Gr. Sept. I 2227 add.); die Verpfändung ist ungültig (*ἄκυρος*), der Gläubiger muss sich an das übrige Vermögen des Schuldners halten[2].

Über Mehrheit der Pfandgläubiger s. u. Cap. IX.

---

[1] Demosth. pro Phorm. 6 (946). *ὁρῶν ὅτι μήπω τῆς πολιτείας αὐτῷ παρ' ὑμῖν οὔσης οὐχ οἷός τε ἔσοιτο εἰσπράττειν, ὅσα Πασίων ἐπὶ γῇ καὶ συνοικίαις δεδανεικὼς ἦν.*

[2] l. c. *ἀφαιρε[ίσθω αὐτὸν τὸ χωρίον τὸ ὑποτεθὲν] ἡ πόλις, ὁ δὲ δανειςτὴς ὁ ξένος ἐκ τῶν ἄλλ[ων κτημάτων τῶν τοῦ ὑποθ]έντος τὴν εἴσπραξιν ποιείσθω τοῦ ὀφειλομένου.*

Viertes Capitel.

Die Forderung.

Der römischrechtliche Satz: res hypothecae dari potest pro quacunque obligatione (l. 5 pr. D. de pign. et hypoth. XX 1) gilt auch für das griechische Recht; es kann sich nur darum handeln, die Hauptfälle zusammenzustellen.

1. Im Vordergrund steht das Darlehn (δάνεισμα, δάνειον), bei welchem die Sicherung durch Pfandbestellung durchaus üblich ist; hieher gehört weitaus die grösste Zahl der uns überlieferten Verpfändungsfälle. Besondere Erwähnung verdient das Seedarlehn (ναυτικὸν δάνεισμα), bei welchem in der Regel Verpfändung von Schiff oder Ladung oder Schiff und Ladung vorkommt; darauf, dass eine solche Verpfändung nicht begrifflich notwendig ist, hat Sieveking (das Seedarlehn des Altertums, Leipzig 1893) pg. 19. 20 hingewiesen. Ich halte seine Ausführungen für richtig und nehme mit ihm an, dass in der Rede des Demosthenes gegen Polykles[1] Apollodor dem Nikippos kein Pfand gegeben hat; das Schiff konnte er nicht verpfänden, weil es dem Staat gehörte, von Ladung ist nicht die Rede, und wenn, wie Boeckh[2] annimmt, das Schiffsgerät verpfändet worden wäre, so hätte davon entweder bei den Unterhandlungen mit dem Nachfolger über Übernahme des Schiffsgeräts (1215) oder

---

[1] L. c. 17 (1212).

[2] Boeckh, Staatshaushaltung (3. Aufl.) I pg. 167 Anm. a.

bei der späteren Verpfändung an Polykles (1223 i. f.) gesprochen werden müssen. Allerdings gibt Demosthenes selbst zu, dass der Kredit, den der Sprecher hatte, ein aussergewöhnlicher sei[1].

2. Der Darlehnsforderung am nächsten steht die Forderung des Verkäufers gegenüber dem Käufer auf Bezahlung des Kaufpreises, oder, wenn ein Teil desselben bereits bezahlt ist, auf Bezahlung des Kaufrests. Der Verkäufer wird dadurch gesichert, dass ihm bis zur gänzlichen Bezahlung des Kaufpreises Rechte an der verkauften Sache vorbehalten oder zugesichert werden.

Das Verkaufsregister von Tenos (aus dem II. oder III. Jahrhundert) enthält einen hierher gehörenden Fall in § 34: Chairelas hat von Aristonoë Grundstücke in Aisile und Kasmeneion gekauft, er schuldet aus diesem Verkauf noch einen Kaufrest von 4950 Drachmen; um diesen Betrag verkauft er ihr nun die Grundstücke in Kasmeneion — also einen Teil der früheren Kaufobjekte — zurück; dieser Verkauf ist eine *πρᾶσις ἐπὶ λύσει* und erfolgt zur Sicherung der Kaufpreisforderung des Aristonoë. Es ist dabei ausdrücklich zu bemerken, dass die beiden Verkäufe zeitlich nicht etwa zusammenfallen, der erste Verkauf (Aristonoë-Chairelas) lässt sich im Register von Tenos nicht nachweisen, gehört also wohl in eine vor dem Register liegende Zeit. Wahrscheinlich hatte der Käufer Bezahlung des Kaufrests auf einen festen Termin versprochen, er kann nun nicht zahlen und die Verkäuferin kreditiert weiter gegen Einräumung einer Sicherung.

Hier hatte also zweifelsohne Chairelas Eigentum an den Kaufobjekten erworben, bevor er den Kaufpreis voll bezahlt hatte. Daraus geht nun schon hervor, dass man aus der Nachricht Theophrasts: *πρᾶσις εἰς τὴν κτῆσιν κυρία ὅταν*

---

[1] L. c. 1224: *διὰ γὰρ τὸ Πασίωνος εἶναι καὶ ἐκεῖνον ἐπεξενῶσθαι πολλοῖς καὶ πιστευθῆναι ἐν τῇ Ἑλλάδι οὐκ ἠπόρουν, ὅπου δεηθείην δανείσασθαι.*

ἡ τιμὴ δοθῇ[1] nicht ableiten darf, dass überall und immer im griechischen Recht der Übergang des Eigentums an den Käufer bis zur Zahlung des Kaufpreises suspendiert wurde. Der Kaufpreis kann auch so kreditiert werden, dass Eigentum sofort auf den Käufer übergeht; es wird dann gerade so angesehen, wie wenn in der Höhe des restierenden Kaufpreises der Verkäufer dem Käufer ein Darlehn gegeben hätte. — Zu demselben Resultat führt die Betrachtung der Inschrift C. I. Gr. Sept. I 3376 aus Chaironea, deren Inhalt ich mir so zurechtlege: Harmeas hat von Soson ein Haus gekauft und den Kaufpreis noch nicht bezahlt; er ist Eigentümer (*ἔχει τὴν κτῆσιν*), aber Soson hat eine Forderung auf dem Haus (*δάνειον ἐπὶ τῇ οἰκίᾳ*)[3], d. h. das Haus ist für die Kaufpreisforderung verpfändet; Soson soll nun die Forderung eintreiben und den Käufer Harmeas veranlassen, den Kaufpreis (*ὠνή*)[4] an Theon — den Freilasser des Soson — zu bezahlen. Die technischen Ausdrücke des Theophrast *κτῆσις*, *πιστεύειν* und *κομίζεσθαι* kehren dabei wieder.

Damit scheint nun auch der richtige Weg zur Erklärung des attischen Horos 61 (und 60) gefunden.

C. I. A. II. 1134: *ἐπὶ Θεοφράστου ἄρχοντος· ὅρος χωρίου τιμῆς ἐνοφειλομένης Φανοστράτῳ Παιανιεῖ XX*.

---

[1] S. Hofmann, Beiträge zur Geschichte des griechischen und römischen Rechts, pg. 46 ff., pg. 57 ff.; sehr wohl denkbar ist, dass ursprünglich Barzahlung gefordert und erst später der Barzahlung die Kreditierung gleichgestellt wurde. S. auch Meier-Schoemann-Lipsius II pg. 714, 715.

[2] Der in Betracht kommende Passus lautet: *τὴν δὲ οἰκίαν, ἧς ἔχει τὴν κτῆσιν Ἁρμέας Ἀρίστωνος Φανατεὺς πεπιστευμένος παρὰ Σώσονος, κομι[ζ]έσθω Σώσων τὸ ἐπ' αὐτῇ δάνειον, καὶ κελευσάτω ἀποδοῦναι τὴν ὠνὴν τῆς οἰκίας Ἁρμέαν Θέωνι.*

[3] *δάνειον* kann sehr wohl so gebraucht werden; auch in griechischen Quellen aus römischer Zeit findet es sich so; s. z. B. Liban. Or. Reisk. II pg. 208: *ὅστις-ἐπρίατο, τὸ δάνεισμα οὔπω διέλυσεν.*

[4] Über *ὠνή* = Kaufpreis, s. auch Dittenberger zu C. I. Gr. Sept. I 1741. Über die vermögensrechtliche Stellung des Sklaven s. Thalheim, Rechtsaltertümer pg. 25. 26.

Die Herausgeber des Recueil sprechen von privilège de vendeur, ohne genauer anzugeben, was sie darunter verstehen; jedenfalls ist der geschuldete Preis der Kaufpreis des Grundstücks, auf dem der Horos steht. Es kann der Horos hier Eigentumsvorbehalt bedeuten; nach dem eben Gesagten steht aber auch der Annahme, dass ein Pfandrecht vorliege, durchaus nichts im Wege.

3. Pacht und Miete (*μίσθωσις*). Hier ist in erster Linie zu erwähnen die bei Rednern und Lexikographen und auf Inschriften häufig erwähnte *μίσθωσις οἴκου*, die Verpachtung des Mündelvermögens. Der Vormund kann nach attischem Recht das ganze Mündelvermögen durch den Archon im Wege einer öffentlichen Versteigerung verpachten lassen; der Pächter hat dem Archon zu Handen der Waisen resp. deren Vormünder Sicherheit zu leisten durch Pfandbestellung; die angebotenen Pfänder werden durch vom Archon bestellte *ἀποτιμηταί* auf ihre Tauglichkeit geprüft. Das Pfand ist regelmässig Hypothek[1] und heisst *ἀποτίμημα*[2], es bestand wohl immer in Grundeigentum; dies ist zwar nirgends ausdrücklich gesagt, geht aber wohl daraus hervor, dass die *ἀποτιμηταί* vom Archon entsandt (*πέμπονται ἐπὶ τῷ ἀποτιμήσασθαι*)[3] d. i. auf das Lokal entsandt werden; Mobilien hätten die Bewerber selbst mitbringen können zur Versteigerungsverhandlung.

Der *οἶκος*, das Mündelvermögen, wird als Ganzes verpachtet, in demselben können Grundstücke enthalten sein, nötig ist dies aber nicht. Ausserhalb Attikas lässt sich das Institut nicht nachweisen; s. über das Institut Schulthess,

---

[1] Nur ausnahmsweise *πρᾶσις ἐπὶ λύσει* vergl. Horos 59a s. u. Cap. VI, sofern dieser mit Sicherheit auf *μίσθωσις οἴκου* bezogen werden darf.

[2] Harpokration s. v. *ἀποτιμηταί*. Bekker anecdota 201. 437. — *ἀποτιμᾶν* wird gleichbedeutend mit *ὑποθεῖναι*, *ἀποτιμᾶσθαι* mit *ὑποθέσθαι* gebraucht.

[3] Harpokration l. c.; vergl. jetzt auch Aristot. *Ἀθ. πολ.* LVI 7 (*ὁ ἄρχων μισθοῖ τοὺς οἴκους τῶν ὀρφανῶν καὶ τὰ ἀποτιμήματα λαμβάνει.*

Vormundschaft nach attischem Recht pg. 139—173[1], speziell über die Pfandbestellung bei demselben pg. 157 ff.

Von den übrigen Fällen der μίσθωσις[2] tritt hervor die Verpachtung von Tempel- und Gemeindegütern; die normale Form der Sicherung scheint hier die Bestellung eines Pfandes nicht zu sein. Die inschriftlich erhaltenen Pachtverträge erwähnen Pfandbestellung nur einmal und von den Pacht-Horoi beziehen sich jedenfalls die meisten auf μίσθωσις οἴκου[3]. In einem Pachtvertrage von Piraeus C I A II 1059 wird verlangt, dass der Pächter, wenn der Pachtzins 10 Drachmen übersteigt, ein ἀποτίμημα τῆς μισθώσεως ἀξιόχρεων stellen soll, bei geringerem Betrag einen Bürgen und zwar ἐγγυητὴν ἀποδιδόμενον τὰ ἑαυτοῦ τῆς μισθώσεως. Die Herausgeber des Recueil II pg. 270 beziehen diese Worte auf eine πρᾶσις ἐπὶ λύσει. Das kann gewiss nicht verlangt werden, da die Belastung des Bürgen zu schwer und die Sicherung des Gläubigers bei kleinerem Pachtzins grösser wäre, als bei grösserem Pachtzins. Die nächstliegende Erklärung ist wohl die: der Pächter muss einen Bürgen stellen, der bereit ist, sein Vermögen an den Pachtzins hinzugeben (ἀποδιδόμενον ingressiv) d. h. der mit seinem Vermögen für den Pachtzins haftet, einsteht. Es ist dabei zu beachten, dass es sich nicht um einen Pachtvertrag mit einem bestimmten Pächter handelt, sondern nur um die Ausschreibung von Pachtbedingungen, um eine Offerte[4]; in

---

[1] Ausserdem etwa: Euler, de locatione conductione atque emphyteusi Graecorum Diss. Gissae 1882, pg. 24. Platner, Prozess II 280 ff. Meier-Schömann-Lipsius 361 ff., 558.

[2] Das inschriftliche Material ist jetzt zusammengestellt im Recueil II 235 ff. — Vergl. dazu Kommentar IV: des cautions, des gages et des clauses pénales (pg. 267 ff.).

[3] Dagegen ist m. E. kein Bedürfnis vorhanden, von den Horo 1—9 auch diejenigen, die nicht ausdrücklich als Gläubiger παῖδες oder ὀρφανοί bezeichnen, auf μίσθωσις οἴκου zu beziehen. S. auch Schulthess a. a O. pg. 164.

[4] Vergl. den Eingang der Inschrift κατὰ τάδε μισθοῦσιν (ohne Dativ) mit τάδε ἐμίσθωσαν Ἀὐτοκλεῖ . . καὶ Ἀὐτέᾳ in C I A II 1055.

den auf Grund der Offerte abgeschlossenen Pachtverträgen ist dann wohl aus dem untechnischen *ἀποδίδοσθαι τὰ ἑαυτοῦ* ein Pfändungsrecht geworden, wie in dem Pachtvertrag C I A II 565 Z. 13–15.

Die normale Form der Sicherung von Pachtverträgen ist Bürgschaft; Bürgen (*ἔγγυοι*) erscheinen in Attika, Thespiae, Delos, Amorgos, Olymos, Mylasa, Heraklea, bald in der Einzahl, bald in der Mehrzahl[1]; eine weitere Sicherung des Gläubigers liegt in der Einräumung des Pfändungsrechts (s. u. pg. 59 ff.), das, wo neben dem Schuldner ein Bürge steht, in der Regel auch gegen den Bürgen gegeben wird[2].

Pachtverträge unter Privaten sind ganz selten (Recueil II 261); die Wohnungsmiete muss wenigstens in Attika eine grosse Rolle gespielt haben; da solche Mietverträge aber nicht auf dauerhaftem Material ausgefertigt wurden, haben sich keine erhalten; man wird aber annehmen dürfen, dass die Wohnungsmiete gleich oder ähnlich wie die Pacht behandelt wurde[3]. — In Werkverträgen erscheinen Bürgen, nicht Pfänder[4, 5].

---

[1] S. Recueil II 267 ff.

[2] C I A II 565: Bull. de corr. hell. XIV pg. 433 Anm. 2–3.

[3] Szanto, athenische Mitteilungen XIV 137 ff.

[4] S. z. B. den Vertrag zwischen Chairephanes und der Stadt Eretria über Entwässerung eines Sumpfes Recueil I 148 z. 33–35, 41.

[5] Es mag gestattet sein, hier eine Bemerkung über den Pachtvertrag, die mit dem Pfandrecht nichts zu thun hat, einzuschalten und auf eine merkwürdige Übereinstimmung von drei Pachtverträgen verschiedenster Provenienz hinzuweisen. Dittenberger hat C. I. Gr. Sept. 1739 auf die merkwürdige Bestimmung eines Pachtvertrages von Thespiae hingewiesen: wenn der Pächter nicht pünktlich zinst, so kann der Verpächter weiter verpachten und wenn nun der neue Pächter einen geringeren Pachtzins zahlt, so muss der alte Pächter für die Differenz (*ὅσῳ ἂν μεῖον εὕρῃ*) aufkommen und ausserdem für einen Zuschlag von 50% dieses Differenzbetrags (*ἡμιόλιον*). — Dieselbe Bestimmung findet sich in delischen Pachtkontrakten s. Homolle bull. de corr. hell. XIV pg. 432 Anm. 3, namentlich der Wortlaut, *ὅσῳ ἔλαττον ηὗρεν ἡ γῆ ἀναμισθωθεῖσα* — Auch die Tafel von Heraklea § 4 lässt den Pächter für diese Differenz (*ὅσῳ μείονος ἀμμισθωθῇ*) aufkommen, aber ohne Zuschlag. — Man beachte

4. Eine besonders wichtige Rolle spielt das Pfandrecht im Gebiete des Dotalrechts: Pfandrechte können sowohl vom Dosbesteller als vom Ehemann errichtet werden.

a. Verpfändung seitens des Dosbestellers. Hieher gehört in erster Linie die Rede des Demosthenes gegen Spudias. Polyeukt hat für seine Tochter eine Mitgift von 4000 Drachmen versprochen und hiervon bezahlt 3000 Drachmen; der Sprecher ist Gläubiger aus dem Dotalversprechen im Betrag von 1000 Drachmen. Im Testament sichert Polyeukt die Forderung durch Errichtung eines Pfandrechts, vom Sprecher wird dabei der Ausdruck *ἀποτιμᾶσθαι* (6, 1029) gebraucht; es werden Horoi auf einem in die Erbschaft fallenden Hause errichtet. Der Fall zeigt deutlich, dass eine Pfandbestellung kein notwendiges Erfordernis eines Dosversprechens ist, die Forderung bestand anerkanntermassen[1] als ungedeckte schon vor der Testamentserrichtung.

Ein anderes Beispiel gibt das Dosbestellungsregister von Mykonos, zuletzt abgedruckt im Recueil I pg. 48 ff., in § 4. Kallixenos gibt seine Tochter zur Ehe dem Rhodokles und gewährt eine Dos von 700 Drachmen; 300 Drachmen werden in Form von *ἐσθῆς* (Aussteuer) geleistet, 100 in bar; der Ehemann anerkennt, diese Beträge erhalten zu haben, für den Restbetrag von 300 Drachmen verpfändet ihm Kallixenos ein Haus.

Das sogenannte Notstandsgesetz von Ephesos (Recueil I pag. 36 § 15) erwähnt unter den Schuldnern solche, welche *φερνὰς ὀφείλουσι θυγατρίοις ἢ ἀδελφαῖς* und erklärt später,

---

dabei den Gebrauch von *εὑρίσκω*; das Wort begegnet auch sonst in ähnlicher Bedeutung; so in der Inschrift von Delphi Bull. de corr. hell. V pg. 165: *εἰ τὰ πωλείμενα ἐνέχυρα μὴ εὑρίσκοι τὸ ἀργύριον, ποθ' ὃ ὑπέκειτο τᾶι πόλει κτλ.* — Zur Sache vergl. auch l. 51 pr. D. loc. XIX 2 (Javolenus): ea lege fundum locavi, ut, si non ex lege coleretur, relocare eum mihi liceret, et quo minus locassem, hoc mihi praestaretur.

[1] L. c. 5. (1029): *ὑπολειφθεισῶν χιλίων δραχμῶν καὶ ὁμολογηθεισῶν ἀπολαβεῖν.*

dass diese Schuldner *κατὰ τὰς πράξεις* zahlen sollen, ohne sich auf den Notstand berufen zu können. Da sonst im Gesetze unter *πρᾶξις* Pfandbestellung verstanden wird[1], so ist auch hier von Pfanderrichtung durch den Dosbesteller die Rede.

Von den Horoi, die im Recueil I pg. 108—112 als hypothèques dotales aufgeführt sind, gehört m. E. keiner hieher.[2]

b. Verpfändung seitens des Ehemanns. Dies ist der Fall, an den man zunächst denkt, wenn von Dotalpfandrecht die Rede ist. Nach griechischem Recht ist Eigentümerin der Dos die Ehefrau[3], der Mann erhält nur Nutzniessung und Verwaltung und nur insofern wird die Dos dem Mann bestellt. Nach Auflösung der Ehe soll er die Dos herausgeben an die Frau bzgw. ihren nunmehrigen *κύριος* und, soweit eine Rückgabe in natura nicht möglich ist, Ersatz leisten. Für diese eventuelle Rückgabeverpflichtung verpfändet der Ehemann der Ehefrau.

Für ein solches Pfand ist technisch der Ausdruck *ἀποτίμημα*[4]. Die Pfandbestellung erfolgt in der Regel bei der Dosauszahlung und wird vom Dosbesteller ausbedungen[5]. Die zur Dos gegebenen Gegenstände werden geschätzt, damit im Falle der Unmöglichkeit der Rückgabe in natura

---

[1] Vergl. namentlich IV §§ 16, 18; in § 16 entsprechen sich: *ἐπὶ κτήμασιν δεδανεισμένοι* und *τὰ δάνεια καὶ αἱ πράξεις γεγόνασιν*.

[2] A. A. die Herausgeber des Recueil; s. aber das im Text unter b Gesagte.

[3] Darüber darf heute kein Zweifel mehr sein; s. namentlich Mitteis, Reichsrecht und Volksrecht pg. 231 ff. Besonders bezeichnend ist m. E. Demosth. c. Euergos und Mnesibulos; die Gläubiger des Sprechers wollen bei dem Sprecher pfänden; bei gewissen Gegenständen setzt sich seine Ehefrau zur Wehr mit der Bemerkung: *μὴ ἅπτεσθαι — ὅτι αὐτῆς εἴη ἐν τῇ προικὶ τετιμημένα*.

[4] Bekker anec. graec. 423 bemerkt dazu: *ὃ νῦν ὑπάλλαγμα λέγεται*; damit ist zusammenzuhalten der Gebrauch von *ὑπαλλαγή* für *ὑποθήκη* in den arsinoitischen Tempelrechnungen, Wilken, Hermes Bd. XX pg. 448.

[5] S. das Bruchstück eines Dosregisters von Tenos C. I. Gr. 2338 b u. s. w. unten.

über den Wert nicht gestritten werden könne (dos taxationis causa aestimata) und damit ein Masstab für das Pfandobjekt gegeben sei; der griechische Ausdruck für diese Schätzung ist *ἐντιμᾶσθαι*[1].

Pollux VIII 142: *ἐντιμήσασθαί ἐστιν, ὅταν τις προῖκα διδοὺς τιμήσηται ὁπόσου δεῖ.*

Das Pfandobjekt besteht regelmässig in Grundstücken, doch ist dies, wie es scheint, nicht absolut nötig[2].

Bekker anecd. graec. 200: *ἀπετίμησε· τὸ ἀπαιτεῖν παρὰ τοῦ ἀνδρός, ὥσπερ ἐνέχυρόν τι τῆς προικὸς ἀντάξιον, οἰκίαν ἢ χωρίον ἢ ἄλλο τι κτῆμα ἀξιόχρεων.*

Hieher gehören die Reden des Demosthenes gegen Onetor. Onetor will dem Aphobos eine Mitgift gezahlt und von ihm dafür ein Pfandrecht eingeräumt erhalten haben, um dessen Gültigkeit nun prozessiert wird. Demosthenes behauptet in erster Linie, es sei keine Mitgift bezahlt worden, also auch kein Pfandrecht zustande gekommen, in zweiter Linie, die Ehe sei noch gar nicht aufgelöst, also noch keine Rückgabepflicht begründet.

Rückempfangsberechtigt ist die Ehefrau bzw. ihr nunmehriger *κύριος*, nicht etwa der Besteller als solcher.

Auf solche Hypotheken beziehen sich nun auch alle Horoi, die die Herausgeber des Recueil auf pg. 108 ff. als hypothèques dotales bezeichnen und von denen sie annehmen, dass sie „tantôt frappent les biens du mari, pour garantir la restitution de la dot reçue, tantôt les biens du père ou en général de la personne qui a promis la dot“ (l. c. pg. 125). M. E. gehören alle diese Horoi in die erste Klasse.

Alle diese Horoi zeigen nämlich genau dieselbe Struktur:

1. Bezeichnung als Horos.
2. Beschreibung des Objekts (*οἰκία, χωρίον*).

---

[1] Vergl. l. 9 § 3 D. de jur. dot. XXIII 3 (Ulpian) v. plane si rerum libellus marito detur etc.

[2] A. A. Platner, Prozess II 264.

3. ἀποτίμημα προικός, ἀποτετιμημένων προικί oder ähnliche Verbindungen.

4. Name der Frau im Dativ.

5. Summe.

Nun ist an und für sich höchst unwahrscheinlich, dass ein und dieselbe stereotype Wendung für die Bezeichnung von zwei durchaus heterogenen Dingen gebraucht wird; die Formel, wie sie einmal lautet, passt aber besser für unseren Fall (b), als für den andern (a); im anderen Falle wäre es richtiger gewesen, als bezugsberechtigt den Ehemann zu bezeichnen, wie in Mykonos der Dosbesteller nicht seiner Tochter, sondern dem Schwiegersohn gegenüber die Verpfändung vornimmt.[1] Rückempfangsberechtigt ist die Ehefrau, sie erscheint daher auf dem Horos als Gläubigerin;[2] ihren nachehelichen κύριος kann man schon deswegen nicht als Gläubiger auftreten lassen, weil man z. Z. noch gar nicht weiss, ob einer nötig werden und wer er sein wird.

Dabei ergibt sich für einzelne Horoi folgendes:

Horos 17 (C. I. A. II 1137): von den beiden Erklärungen von Köhler (athen. Mitteilg. II pg. 277) und Dareste (bull. de corr. hell. II pg. 485 und Recueil I pg. 135) ist aus den eben angeführten Gründen diejenige von Köhler vorzuziehen, wiewohl an und für sich die Lösung von Dareste einfacher erscheint.[3]

Horos 23 (Amorgos, Bulletin de corr. hell. XIII pg. 343 n. 1): es liegt kein Bedürfnis vor, Κλεινοκράτει hier plötzlich von einem Kleinokrates (statt Kleinokrate) abzu-

---

[1] S. die Inschrift von Mykonos § 4 ὑπέθηκε Ῥοδοκλεῖ; vergl. auch C. I Gr. 2338b (Tenos).

[2] Geradeso wird bei der μίσθωσις οἴκου nicht etwa der Vormund, sondern der Mündel selbst als Gläubiger, im Dativ, aufgeführt.

[3] Für Köhler spricht sich, ohne Begründung, auch Lipsius (Meier-Schömann-Lipsius II pg. 518) aus.

leiten.[1] Der Horos ist vielmehr mit allen übrigen Dotalhoroi auf dieselbe Linie zu stellen. Man hat sich die Verpfändung πρὸς μέρος τῆς προικὸς πρὸς δραχμὰς ΧΧΧ wohl so zu denken, dass der Dosbetrag geteilt wird und die Teilbeträge auf verschiedene Pfandobjekte versichert werden, wie bei Demosthenes g. Onetor Aphobos anfänglich behauptet, er habe eine Dos von 8000 Drachmen von Onetor empfangen, für 2000 habe er das Haus, für 6000 ein Grundstück verpfändet (Demosth. c. Onet. II 5, 877).

Horos 27: ὅρος χωρίου πεπραμένου ἐπὶ λύσει Εὐθυδίκει προικὸς ΧΓ. Die Herausgeber des Recueil I pg. 133 nehmen auch hier wieder ohne Not Sicherung durch den Dosbesteller an; höchstens könnte hier zu einer anderen Erklärung, als bei den bisher behandelten „hypothèques dotales" der Umstand führen, dass ausnahmsweise hier πρᾶσις ἐπὶ λύσει und nicht ἀποτίμημα vorliegt; sollte dies dazu berechtigen, anzunehmen, es handle sich hier um ein Pfandrecht zu Lasten des Dosbestellers, so wäre dies ein neuer Beweis für unsere frühere Behauptung, dass die Hypothek ursprünglich auf wenige Einzelfälle beschränkt war und sonst überall πρᾶσις ἐπὶ λύσει vorgenommen wurde. Richtiger ist aber, auch hier ein Pfandrecht zu Gunsten des Rückempfangsberechtigten anzunehmen — wie in den anderen Fällen — und an der πρᾶσις ἐπὶ λύσει keinen Anstoss zu nehmen; es ist dazu umso weniger Veranlassung, als auch bei der μίσθωσις οἴκου einmal πρᾶσις ἐπὶ λύσει vorkommt. S. u. Cap. VI Horos 59a.

Zu bemerken ist schliesslich noch, dass die Lexikographen, wo sie von ἀποτίμημα und Dotalpfandrecht reden, immer nur die Verpfändung seitens des rückgabeverpflichteten Ehemanns, nie diejenige seitens des Dosbestellers im Auge haben.

[1] Jedenfalls berechtigt dazu der Umstand nicht, dass θυγατρί fehlt; das Wort fehlt auch auf anderen Horoi, welche auch die Herausgeber des Recueil auf Frauen beziehen s. Horos 20 (Attika), 65 (Amorgos).

Ausserhalb Attikas sind solche Dotalpfandrechte und Horoi nachweisbar in Amorgos (Horoi 23, 24); die Inschrift von Ephesos nennt unter den Pfandschuldnern, die sich nicht auf den Krieg berufen können, die Ehemänner, welche nach Auflösung der Ehe (*διαλυθέντες*) nicht zurückgeben *τὰς φερνὰς οὔσας ἀποδότους κατὰ τὸν νόμον.*[1] Verstümmelt ist erhalten ein Dotalregister von Tenos C. I. Gr. add. 2338b; soweit die Überreste Schlüsse ziehen lassen, ist nach den scharfsinnigen Rekonstruktionen Boeckhs anzunehmen, dass die Formel so lautete:

ὁ δεῖνα (Vater, Dosbesteller) *τῷ δεῖνι* (Schwiegersohn) *ἐπέδωκεν ἐπὶ τῇ θυγατρὶ τῇ αὐτοῦ . . ἀργυρίου δραχμὰς . . . ὁ δὲ δεῖνα* (Schwiegersohn) *ἀπετίμησε πρὸς*[2] *τὴν προῖκα τὰ αὐτοῦ πάντα* [oder *τὰ χωρία . . . . . . καὶ τἄλλα τὰ αὐτοῦ*].

Mit diesem Generalpfandrecht hängt jedenfalls zusammen die Mitwirkung der Ehefrau bei Veräusserungsgeschäften des Ehemanns.[3]

5. Eine Verpfändung für eine Forderung aus Sozietät scheint vorzuliegen in dem Horos 66 von Naxos;[4] die Forderung wird bezeichnet mit den Worten: *ὧν δεῖ κατενεγκεῖν εἰς τοὺς Ἐράνους κατὰ τὸν δαιθμόν;* wahrscheinlich ist der Schuldner aus dem Eranos ausgetreten und es sind bei seinem Austritt seine Verpflichtungen vertraglich fixiert worden. Die Worte *ὧν δεῖ κτλ.* mit *μισθώματα* in Verbindung zu bringen, wie dies die Herausgeber des Recueil I pg. 142 thun, scheint mir gezwungen; *ὅρος χωρίου καὶ μισθωμάτων* gehört zusammen, damit ist das Objekt bezeichnet;

---

[1] Recueil I pg. 36 § 15.

[2] Vergl. die Wendung *ἀποτετιμημένων πρὸς* und *εἰς τὴν προῖκα* in den Horoi von Amorgos.

[3] Das Nähere hierüber unter Cap. VIII A b.

[4] [*Ὅρος χωρίου κ*]*αὶ τῶν μισθωμάτων . . ὧν δεῖ κατενεγκεῖν εἰς τοὺς Ἐράνους κατὰ τὸν δαιθμὸν τὸν κείμενον παρὰ Σ . . Τραγίωι.*

die Bezeichnung der Forderung beginnt mit *ὧν δεῖ*; vergl. die Formulierung von Horos 65.

6. Der Horos 64 (Amorgos) gibt eine Verpfändung für eine Bürgschaftsverbindlichkeit; der Bürge bestellt dem Gläubiger Hypothek *πρὸς τὴν ἐγγύαν*. Näheres über die Inschrift s. Recueil I pg. 136.

7. Auch auf dem Gebiete des Prozesses ist Sicherstellung durch Pfandbestellung denkbar; zwar findet sich für die cautio judicio sisti sowohl wie für die cautio judicatum solvi — soweit sie überhaupt erscheinen[1] — wie im römischen Recht in der Regel Bürgenstellung und dasselbe gilt von dem Versprechen des *ἐμμένειν τῇ διαίτῃ* bei dem Schiedsgerichtsvertrag.[2] Pfandbestellung habe ich nur ein einziges Mal und zwar für den zuletzt genannten Fall gefunden, in einer Inschrift aus dem attischen Demos Aixone aus dem Ende des 4. Jahrhunderts, publiziert von Lolling in den Mitteilungen des archäologischen Instituts in Athen IV pg. 200 ff. Die Demoten fungieren als Schiedsrichter, vergl. die Worte *ἐπιτρέπειν τοῖς δημόταις*; die Parteien schwören: *ἐμμενεῖν, οἷς ἂν ψηφίσωνται οἱ δημόται, καὶ ἀποδώσε[ιν . . . τά]υτώνητα βέβαια ποήσειν* (sic) *τοῖς δημόταις· ὅσοι . . . ἀποδιδῶσιν ἃ ὀ[φ]είλουσιν μήτε τὰ ἐνέχ[υρα . . .] ἀνέπαφα [ἀνθ]υποτιθῶσι κτλ.* Leider ist die Inschrift arg verstümmelt, es fehlen namentlich mehrere Worte zwischen *ἐνέχ[υρα]* und *ἀνέπαφα*. Immerhin dürfte mit Lolling a. a. O. pg. 204 anzunehmen sein, dass es sich handelt um eine Pfandbestellung für den Fall, dass eine Partei sich nicht beruhigt und nicht — dem Schiedsspruch folgend — leistet (*ἀποδώσειν*); der Pfandbesteller soll *βεβαιοῦν* „als sicheres und hypothekloses Eigentum deklarieren" (Lolling); in dem mit *ὅσοι* eingeleiteten Satz

---

[1] Meier-Schömann-Lipsius II 775 ff.; die dort Anm. 84 zitierte Abhandlung von Caillemer war mir nicht zugänglich.

[2] S. Matthiass, das griechische Schiedsgericht in den Festgaben der Rostocker Juristenfakultät für Ihering pg. 24.

wird dann wohl der Fall vorgesehen, wo der Pfandbesteller entweder von Anfang an bereits belastetes Gut verpfändet oder das bei der Bestellung noch pfandfreie (*ἀνέπαφα*) nachträglich weiter verpfändet (*ἀνθυποτιθέναι*)[3].

---

[3] Das Wort lässt sich sonst nicht nachweisen; die Lesung *μεθυποτιθῶσι* (s. u. Cap. IX i. f.) scheinen die lesbaren Buchstaben nicht zuzulassen.

Fünftes Capitel.

Die Entstehung des Pfandrechts.

Das Pfandrecht entsteht 1) durch Vertrag; 2) durch letztwillige Verfügung; 3) durch Pfändung auf Grund eines Urteils oder Urteilssurrogats; nicht aber auch unmittelbar durch Gesetz.

A. Vertrag.

Das Pfandrecht entsteht durch die auf Entstehung eines Pfandrechts gerichtete Willensübereinstimmung zwischen Pfandgläubiger und Verpfänder.

Für das Faustpfand kommt hinzu die Besitzesübertragung an den Gläubiger, für die *πρᾶσις ἐπὶ λύσει* Eigentumsübertragung; wo für diese letztere eine bestimmte Form vorgeschrieben ist, ist diese auch bei der *πρᾶσις ἐπὶ λύσει* anzuwenden; so finden sich in dem Verkaufsregister von Tenos unter den *πράσεις χωρίων [καὶ οἰ]κιῶν* auch Handänderungen zum Zwecke der *πρᾶσις ἐπὶ λύσει*, ohne dass dieser Zweck, etwa durch ausdrückliche Erwähnung des Lösungsrechtes, in der Formulierung des Eintrags zum Ausdruck käme; das nähere hierüber s. u. Cap. VII A a.

Wird man nun geneigt sein, in diesen Fällen eine weitere Formalität für die Entstehung des Pfandrechts nicht zu verlangen, so drängt sich bei der Hypothek das Bedürfnis nach einer Form des Verpfändungsvertrags auf; hier bleibt ja das Pfandobjekt bei dem Verpfänder, ohne dass, wenn nicht besondere Vorkehrungen getroffen werden, Drittpersonen die Existenz eines Pfandrechts erkennen können. Man wünscht hier Publizität des Pfandrechts, so dass, wer immer eine Sache als Pfand angeboten erhält, sich überzeugen kann, ob die Sache bereits belastet ist oder nicht, und zugleich die Gewissheit erlangt, dass nun sein Pfandrecht Drittpersonen zur Kenntnis komme. —

Für bewegliche Sachen scheint es an einer Form der Verpfändung ganz zu fehlen, was deswegen von geringer Bedeutung ist, weil an Mobilien nur selten[1] Hypothek errichtet wird; für Immobilien werden hauptsächlich vier Formalitäten erwähnt: Heroldsruf, Hypothekenbücher, Hinterlegung der Schuldurkunde, „Hypothekensteine“ [ὅροι].

a. Heroldsruf. Theophrast[2] berichtet, in einigen Gesetzgebungen finde sich die Vorschrift, dass, bevor dem Käufer Eigentum zugesprochen werde, fünf Tage lang durch Herolde verkündet werden müsse, ob jemand auftreten und Ansprüche auf das Grundstück oder Haus machen wolle; dasselbe gelte auch für Pfandbestellungen [ἐπὶ τῶν ὑποθέσεων] z. B. in Kyzikos.

Es wird sich zunächst darum handeln, die Bedeutung des Heroldsrufs im Fall des Verkaufes festzustellen; vielleicht vermag hier eine Inschrift aus dem — wie Kyzikos — jonischen Chios Aufschluss zu geben; die Inschrift ist publiziert von Haussouiller im bull. de corr. hell. III pg. 230 bis 241 und findet sich jetzt auch bei Cauer delect. inscr. graec. (ed. II) 496. In dieser — leider sehr verstümmelten und nach der Ansicht Haussouillers aus dem fünften Jahrhundert stammenden — Inschrift erscheint die fünftägige Frist in Verbindung mit dem Heroldsruf bei Anlass eines Verkaufes.

---

[1] S. o. pg. 14, 15.

[2] Fragment I: *παρὰ δέ τισι προκηρύττειν κελεύουσι πρὸ τοῦ κατακυρωθῆναι πένθ' ἡμέρας συνεχῶς, εἴ τις ἐνίσταται ἢ ἀντιποιεῖται τοῦ κτήματος ἢ τῆς οἰκίας. ὡσαύτως δὲ καὶ ἐπὶ τῶν ὑποθέσεων, ὥσπερ καὶ ἐν τοῖς Κυζικηνῶν.*

Die Fünfzehnmänner haben Grundstücke, die wahrscheinlich durch Konfiskation[1] ins Eigentum der Stadt gelangt sind, verkauft; sie sollen nun innert fünf Tagen dem Rat Anzeige davon machen und durch Herolde in Stadt und Land ausrufen lassen (κήρυκας διαπέμπειν — προσκηρύττειν); diese sollen den Tag und das Geschäft verkünden „ἀδηνέως γεγωνέοντες“[2] und es soll das Gericht nicht weniger als dreihundert Mitglieder zählen. Die Stadt übernimmt den Prozess (πόλις δεξαμένη), der Käufer hat mit dem Prozess nichts zu thun (τῷ πριαμένῳ πρῆχμα ἔστω μηδέν) und wenn die Stadt unterliegt, soll sie [das vom Käufer bereits bezahlte] zurückgeben und darüber hinaus [ὑπεραποδότω]. Bildet die Inschrift ein ganzes und hängt der Prozess, von dem gesprochen wird, unmittelbar mit dem Kauf zusammen und vergleicht man nun damit die Worte des Theophrast, so ist wenigstens die Vermutung gestattet, dass der Heroldsruf den Zweck hat, allfällige Einsprecher zur Geltendmachung der Einsprache bis zu einem bestimmten Termin aufzufordern, der Prozess aber ist der Prozess zwischen Verkäufer und Einsprecher. — Erst wenn die Einsprachefrist erfolglos verstrichen oder die Einsprache abgewiesen ist, kann die Eigentumsübertragung erfolgen.

Ist damit die Bedeutung des Heroldsrufs bei Verkäufen richtig erkannt, so muss sie dieselbe bei den Pfandbestellungen gewesen sein; die Entstehung des Pfandrechts ist erst möglich, wenn die Publikation durch Heroldsruf erfolgt und die Einsprachefrist verstrichen oder die Einsprache abgewiesen ist. Wo ausser Kyzikos diese Art von Pfandbestellung vorkam, wissen wir nicht.

b. Hypothekenbücher. Nach einer anderen Notiz Theophrasts (II) gibt es Völker, bei denen vorkommt eine

[1] So Haussouiller a. a. O. pg. 240.

[2] Vgl. dazu die Worte συνεχῶς προκηρύττειν bei Theophrast.

ἀναγραφὴ τῶν κτημάτων[1] *καὶ τῶν συμβολαίων* d. h. wohl eine Aufzeichnung der Grundstücke und der auf sie sich beziehenden Rechtsgeschäfte; aus der Aufzeichnung kann man entnehmen, ob ein Grundstück noch frei und unbelastet (*ἐλεύθερα καὶ ἀνέπαφα*) sei und ob es dem Veräussernden gehöre. Der Ausdruck *ἀνέπαφα* ist terminus technicus für „nicht mit Pfandrechten belastet"[2]; es müssen daher diese Anagraphai auch Aufschluss über Pfandrechte gegeben haben.

Näheres über solche Bücher wissen wir nicht, wir wissen auch nicht, wo sie vorkamen[3], auch nicht, wie sie geführt wurden. Das mehrmals erwähnte Verkaufsregister von Tenos ist chronologisch geführt; da an demselben Orte ein Fragment aus einem Dotalregister gefunden worden ist und das Verkaufsregister auf Hypotheken verweist, so darf angenommen werden, dass auch ein eigenes Hypothekenregister bestand. An anderen Orten mag auch eine Verbindung von Eigentums- und Hypothekenbuch üblich gewesen sein[4]; in den uns erhaltenen Dotalregistern sind die auf die Dos bezüglichen Pfandrechte vorgemerkt (s. o. Cap. IV 4 a und b).

Wo solche Hypothekenbücher geführt werden, entsteht das Pfandrecht erst durch Eintragung.

c. Hinterlegung der Schuldurkunde im Gemeindearchiv (*ἀρχεῖον, χρεωφυλάκιον*); s. hierüber Dareste im bull. de corr. hell. VI 241 ff. Sie kommt sowohl für chirographarische als für pfandversicherte Forderungen vor,

---

[1] Über die Bedeutung von *κτῆμα* = Grundstück s. Hofmann, Beitr. z. Gesch. d. griech. u. röm. R., pg. 80 Anm. 17; auch in der Inschrift von Ephesos ist *κτῆμα* = Grundstück.

[2] S. u. C. IX.

[3] Man nimmt gewöhnlich an, dass solche Bücher durch Aristot. oecon. II 2, 12 für Chios nachgewiesen seien; aber die *χρέα* bezüglich deren *ἀπογράφεσθαι εἰς τὸ δημόσιον* vorgesehen ist, sind nicht nur pfandversicherte Forderungen. Vgl. das im Text unter C Gesagte.

[4] Auch in dem Register von Tenos kommen Verpfändungsgeschäfte vor, soweit solche durch *πρᾶσις ἐπὶ λύσει* erfolgen.

das Original bleibt in der Regel in der Hand der interessierten Partei, eine Kopie wird dem Gemeindearchiv einverleibt. Es kommt auch vor — und das scheint in Attika Sitte zu sein —, dass die Schuldurkunde bei einem unparteiischen Dritten niedergelegt wird.[1]

Dass im letzteren Falle von einer Öffentlichkeit der Verpfändung nicht gesprochen werden kann, liegt auf der Hand; aber auch im ersteren Fall darf man die Hinterlegung der Schuldurkunde im Gemeindearchiv nicht ohne weiteres mit dem Institut öffentlicher Bücher auf eine Linie stellen, wie dies Hofmann a. a. O. pg. 97 thut, so lange nicht feststeht, dass jedermann oder doch jedem, der ein rechtliches Interesse dazu bescheinigen konnte, die Einsicht gestattet war. In erster Linie hatte die Hinterlegung der Schuldurkunde gewiss nur den Zweck öffentlicher Verwahrung[2]; der Schuldner soll gegen die einseitige Abänderung der Urkunde durch den Gläubiger, der Gläubiger gegen den Verlust der Urkunde geschützt werden. Jedenfalls zeigt die grosse Verbreitung der Chreophylakia, dass das Institut beliebt war und einen wirklichen Nutzen gewährte. S. die Übersicht bei Dareste a. a. O.

d. Andere Mittel. Unter diesen sind in erster Linie die namentlich in Attika üblichen Horoi (Pfandsteine und Pfandsäulen) zu erwähnen; s. über diese unten Cap. VI. Gelegentlich finden sich auch andere Sicherungsmassregeln, durch die einem bereits entstandenen Pfandrecht Publizität verschafft wird; so sieht der Volksbeschluss der Delphier[3] über die Verwendung der von Attalus II von Pergamon der Stadt geschenkten Gelder vor, dass ein Teil des Geldes

---

[1] So z. B. in den attischen Horoi 62. 63.

[2] Mit Recht bemerkt Mitteis, Reichsrecht und Volksrecht pg. 95, dass mit dieser Aufbewahrung wohl auch die Möglichkeit, die Verträge vor dem Archivbeamten abzuschliessen, verbunden war, so dass der öffentlichen Verwahrung eine öffentliche Beglaubigung entsprach.

[3] Bull. de corr. hell. V pg. 156 ff., besonders pg. 163, 33 ff. —

auf Zins ausgeliehen werden soll, die Empfänger bestellen Grundstücke als Pfänder; die Namen der Empfänger und die Bezeichnung der von ihnen gestellten Pfänder werden auf zwei geweissten Tafeln (*πίνακες*) aufgeschrieben und in der Volksversammlung verlesen; ein Exemplar kommt in den Tempel, das andere in das Gemeindearchiv (*δημόσιον γραμματεῖον*)[1]; die Kosten dieser Beurkundung trägt der Gläubiger. — Wurde über das persönliche Schuldverhältnis eine Urkunde aufgenommen, so wurde wohl regelmässig in derselben das Pfandrecht erwähnt.

Von diesen verschiedenen Mitteln können als für die Entstehung des Pfandrechts erforderlich nur die beiden ersten betrachtet werden. In den Fällen unter c und d handelt es sich nur um Konstatierung bereits entstandener Pfandrechte. Dafür dass nach griechischem Recht für die Entstehung des Pfandrechts durch Vertrag allgemein und überall eine Form vorgeschrieben gewesen sei, liegt nichts vor[2]; vielmehr gilt auch für das griechische Pfandrecht, — abgesehen von den Orten, wo die unter a und b bezeichneten Formalitäten vorgesehen sind — dasselbe, was Gaius in l. 4 D. de pign. et hyp. XX 1 für das römische Pfandrecht ausführt.

B. Testament.

Für die Möglichkeit der Errichtung eines Pfandrechts durch Testament lassen sich, soweit ich sehe, nur zwei Belege beibringen.

---

[1] Schon hieraus scheint mir hervorzugehen, dass die Deposition im Gemeindearchiv nicht die Funktion eines Eintrags in ein öffentliches Buch hat; *ἀναγραφή* (s. o. b) und Hinterlegung im *ἀρχεῖον* sind nicht identisch.

[2] Dagegen sprechen z. B. Demosthenes' Reden gegen Onetor, wo Demosthenes alle Veranlassung hätte, Onetor zurückzuweisen mit der Behauptung, er habe kein Pfandrecht, weil es an der Entstehungsform fehle; das thut er nicht, er behauptet nur, dass der von Onetor angebotene Beweis (Horoi) nicht genüge, ohne einen bestimmten Beweis (etwa Schriftlichkeit oder Öffentlichkeit) von Onetor zu fordern.

Der eine Fall liegt vor in der Rede des Demosthenes g. Spudias, wo Polyeukt die Forderung seines Schwiegersohns auf Ausrichtung des Dotalrests durch Pfandbestellung im Testament sichert; die Forderung hatte — als ungesicherte — schon früher bestanden und war auch stets von Polyeukt anerkannt worden.[1] Dass die Worte *τελευτῶν διέθετο* l. c. technisch gebraucht sind und sich wirklich auf das Testament beziehen, geht auch daraus hervor, dass für das Zustandekommen des Pfandrechts die Personen, welche bei der Testamentserrichtung zugegen waren, als Zeugen angerufen werden.[2]

Der zweite Fall findet sich im sog. Testament der Epikteta von Thera (CIGr. 2448 — Cauer del. 148); die Inschrift stammt wahrscheinlich[3] aus dem Beginn des zweiten vorchristlichen Jahrhunderts. Im Testament wird die Tochter Epiteleia zur Erbin eingesetzt und verpflichtet, dem *κοινὸν ἀνδρείου τῶν συγγενῶν*[4] von einem Kapital von 3000 Drachmen jährlich 210 Drachmen Zins zu bezahlen; für diese Forderung werden bestimmte Grundstücke der Erblasserin (*αὐτόκτητα*), die zum Nachlass gehören, verpfändet; auch hier entsteht das Pfandrecht durch das Testament und nicht etwa erst durch eine spätere auf Pfandbestellung gerichtete Rechtshandlung des Erben.

Angesichts der Verschiedenartigkeit der Verfügungen, die sich in griechischen Testamenten finden, darf un-

[1] Demosth. c. Spud. 6 (1029): *ὡς ἅπαντα τὸν χρόνον ὀφείλειν ὡμολόγει μοι Πολύευκτος . . . . καὶ ὡς τελευτῶν διέθετο ὅρους ἐπιστῆσαι — ἐμοὶ τῆς προικὸς ἐπὶ τὴν οἰκίαν.* Uber den Fall s. o. pg. 41.

[2] L. c. 16 (1032 i. f.). — Bestellung des Pfandrechts durch das Testament nimmt auch Schulin, das griechische Testament verglichen mit dem römischen pg. 29 an.

[3] So B. Keil, zum Testament der Epikteta im Hermes XXIII pg. 289, 290; Boeckh und Cauer setzen die Inschrift in das zweite oder dritte Jahrhundert.

[4] Diese Korporation wird durch das Testament selbst erst gegründet, s. auch Schulin a. a. O. pg. 48 u. und zur ganzen Inschrift B. Keil in Hermes XXIII pg. 289 ff.

bedenklich angenommen werden, dass Pfandbestellung durch Testament nichts seltenes und auch anderwärts als in Athen und Thera zulässig und üblich war.

C. Pfändung auf Grund eines Urteils oder Urteilssurrogats.

Die normale Form der Urteilsvollstreckung ist im attischen Recht die Pfändung (*ἐνεχυρασία*);[1] die Pfändung kann aber auch ohne Urteil erfolgen, wenn eine vertragliche Einräumung eines Pfändungsrechtes oder eine mit Pfändungsrecht durch Gesetz privilegierte Forderung vorliegt. In all diesen Fällen entsteht für den pfändenden Gläubiger ein Pfandrecht an der abgepfändeten Sache, das griechische Recht kennt ein Pfändungspfand.

Das Pfandrecht entsteht erst mit der Besitzergreifung durch den Gläubiger; bei dem Vertragspfand ist von vorneherein festgestellt, an welche Sache als Pfand sich der Gläubiger im Fall der Nichtzahlung zu halten hat; hier muss sich der Gläubiger durch Besitzergreifung erst darüber aussprechen, welche der schuldnerischen Sachen er als Pfand haben will. Hat er Besitz ergriffen, so steht er dem Faustpfandgläubiger gleich; er hat ein *ἐνέχυρον*. Die moderne Pfändung, bei welcher durch Pfandaufschreibung bei fortdauerndem Besitz des Schuldners ein Pfandrecht für den Gläubiger entstehen kann, ist dem griechischen Recht unbekannt.

Auf dem Gebiete des römischen Rechts streitet[2] man über die Natur des pignus in causa judicati captum und nimmt m. E. mit Recht an, dass dieses Pfandrecht nicht auf eine Stufe gestellt werden dürfe mit dem Vertragspfandrecht, da der Gläubiger wegen der Mitwirkung des Magistrats in seiner Verfügung über die abgepfändete Sache be-

[1] S. z. B. Meier-Schoemann-Lipsius II pg. 965 ff.

[2] S. z. B. Dernburg, Pfandrecht I § 35 und weitere Litteratur bei Windscheid, Pandekten I § 233 Anm. 5.

schränkt ist; das Bedenken gilt auch für das griechische Recht, weil hier zwar für die Besitzergreifung, die eigentliche Pfändungshandlung, eine Kontrollierung des Gläubigers nicht stattfindet, für die Liquidierung der abgepfändeten Sache aber nicht leicht entbehrt werden kann. So kann auf dem Gebiete des griechischen Rechts bei der Betrachtung der Entstehung des Pfandrechts mit demselben Mass von Berechtigung, wie im römischen Recht, vom Pfändungspfand gesprochen werden; worin es sich in seiner Wirkung vom Vertragspfand unterscheidet, wird unten untersucht werden.[1]

a. Pfändung auf Grund eines rechtskräftigen Urteils (pignus in causa judicati captum).

Vgl. darüber im allgemeinen Meier-Schoemann-Lipsius II pg. 965 ff.

Über das Vorgehen bei Pfändungen gibt die Rede des Demosthenes gegen Euergos und Mnesibulos in ihrer zweiten Hälfte Aufschluss. Der Sprecher schuldet nach rechtskräftigem Urteil an Theophem; am Verfalltag[2] verlängert dieser die Frist (*ἀναβάλλεσθαι τὴν ὑπερημερίαν*), bis der Sprecher sein Schiff hat auslaufen lassen.[3] Wenige Tage nachdem dies geschehen, fordert der Schuldner den Gläubiger auf, das Geld in Empfang zu nehmen;[4] der Gläubiger bestreitet, eine solche Einladung erhalten zu haben, betrachtet den Schuldner als *ὑπερήμερος* und geht gegen ihn im Wege der Pfändung vor; für einen Forderungsbetrag von 1313[5] Drachmen pfändet er fünfzig feinwollene Schafe mit dem Hirten und *πάντα τὰ ἀκόλουθα τῇ ποίμνῃ*, einen Sklaven mit einem wertvollen Krug, die übrigen Geräte (*σκεύη*), ein Trinkgeschirr,

---

[1] S. u. Cap. VII B.

[2] Dieser fällt nicht mit dem Urteilstag zusammen, sondern ist durch eine Notfrist (*προθεσμία*) von diesem getrennt, das nähere s. Meier-Schoemann-Lipsius II 963. 964.

[3] l. c. 50 (1154).

[4] l. c. 50 (1154).

[5] l. c. 54 (1158).

schliesslich alles übrige Mobiliar (πάντα τὰ ὑπόλοιπα).[1] Die Pfändung der letzten Objekte geschieht unter dem ausdrücklichen Protest von Schuldnerseite „der Gläubiger habe schon mehr in der Hand, als er nach Urteil zu fordern habe".[2]

Aus dem ganzen Bericht des Demosthenes geht hervor, dass die Pfändung ohne Mitwirkung der Obrigkeit erfolgte; er sagt auch ausdrücklich, dass ausser den Gläubigern des Sprechers einerseits, seiner Frau und seinen Kindern andrerseits, niemand zugegen war[3] und rügt in keiner Weise diese Absenz einer Gerichtsperson. Als unzulässig wird bezeichnet das gewaltsame Eindringen des Gläubigers in das Haus des abwesenden Schuldners[4] und das Auftreten dritter, am Prozess nicht beteiligter Personen an Stelle des Gläubigers.[5] Verboten war eine Pfändung während gewisser durch Gesetz bezeichneter Feierlichkeiten.[6] Über die Reihenfolge, in der die Gegenstände zu pfänden sind, fehlen wohl gesetzliche Bestimmungen, doch wird die Sitte hier dem Gläubiger den Weg gewiesen haben;[7] ebenso war es dem Gläubiger, wenn nicht durch Gesetz, so doch gewiss durch die Sitte verboten, mehr Pfänder zu nehmen, als zur Deckung der Forderung voraussichtlich nötig ist. Grundstücke durften wohl, wie in Rom[8], erst in Anspruch genommen werden, wenn durch Pfändung beweglicher Sachen hinreichende Deckung nicht zu erzielen war; so machen auch

---

[1] l. c. 52 (1155) ff.

[2] l. c. 57 (1156); vgl. 81 (1164).

[3] l. c. 69 (1160).

[4] l. c. 53 (1155) v. καταβαλόντες τὴν θύραν; deswegen entschuldigt sich der Sprecher, der früher als Gläubiger gegen Theophem im Weg der Pfändung vorging, c. 38 (1150) so: er sei allerdings in Abwesenheit des Theophem hineingegangen; aber die Thüre sei offen gestanden und er habe gewusst, dass Theophem unverheiratet sei.

[5] l. c. 53 (1155), 63 (1158).

[6] Dem. c. Mid. 10 (518); vgl. C. I. Gr. 3641 b.

[7] In erster Linie erscheinen meistens Sklaven und Vieh; vgl. z. B. noch Dem. c. Onet. I 27 (871) und Athenaios (Lysias) XIII 95 (612).

[8] L. 15 § 2 D. de re jud. XLII 1.

die Gläubiger des Sprechers in der eben erwähnten Rede des Demosthenes durchaus keine Miene, auch noch auf das Grundstück zu greifen. Dem Gläubiger, der an der Pfändung gehindert wird, steht die *δίκη ἐξούλης* zu.[1]

b. Pfändung auf Grund einer Pfändungsklausel.

Über die Entwicklung und Bedeutung der Pfändungs- oder Exekutivklausel ist von Mitteis, Reichsrecht und Volksrecht pg. 413 ff., so ausführlich und abschliessend referiert worden, dass hier im allgemeinen auf seine Darstellung verwiesen werden darf.

Der Schuldner kann dem Gläubiger bei Eingehung der Schuld vertraglich das Pfändungsrecht in dem Sinn einräumen, dass bei Verfall der Gläubiger eigenmächtig pfänden dürfe, gerade so wie wenn ein den Schuldner verurteilendes gerichtliches Erkenntnis ergangen wäre, *καθάπερ ἐκ δίκης, πρὸ δίκης*.

Mitteis hat nachgewiesen,[2] dass sich diese Pfändungsklausel an Pachtverträgen der Gemeinden und Tempelverwaltungen entwickelt hat.

Die Einräumung des Pfändungsrechts ist an keine bestimmte Form gebunden; wo der Gläubiger eine Schuldurkunde in die Hand bekommt, wird das Pfändungsrecht als Exekutivklausel in die Urkunde aufgenommen. Die Gewährung des Pfändungsrechts erfolgt in der Regel dadurch, dass dem Gläubiger eingeräumt wird, er dürfe bei Verfall „pfänden", *ἐνεχυράζειν*[3], oder „wie auf Grund eines Urteils seine Forderung eintreiben", *πράττειν καθάπερ ἐκ δίκης*. — Dabei wird dem Gläubiger bald das ganze Vermögen[4] des Schuld-

[1] S. hierüber vorläufig Meier-Schoemann-Lipsius II 965. 966.

[2] A. a. O. pg. 414 ff.

[3] Andere Redewendungen: dem Gläubiger soll *ἐνεχυρασία* zustehen, der Schuldner soll *ἐνεχυραστός* sein u. s. w. im Testament der Epicteta CIGr. 2448.

[4] Das ist die Regel und ist als gewollt zu betrachten, wo nicht im Sinn der nachstehenden Erörterungen ausdrücklich eine Beschränkung festgesetzt wird.

ners zum Vollzug der Pfändung angeboten, bald nur ein bestimmter Kreis von Vermögensstücken,[1] bald zwar das ganze Vermögen, aber innerhalb desselben eine Reihenfolge der einzelnen Vermögensstücke bestimmt, so namentlich in den Pachtverträgen von Delos,[2] wo zuerst Früchte, dann Vieh und Sklaven, dann das übrige Vermögen (τὰ ὑπάρχοντα) des Pächters vom Verpächter in Anspruch genommen werden.

Auf Grund der Pfändungsklausel pfändet der Gläubiger bei Verfall „straflos";[3] es waren also wohl Strafen vorgesehen für diejenigen, die ohne Berechtigung (Vertragspfand, Pfändungsklausel) den Schuldner pfändeten, ohne vorher ein Urteil erwirkt zu haben. Für Lampsakos wird ein eigener νόμος περὶ τῶν παρανόμως ἐνεχυρασάντων erwähnt.[4]

Bestritten ist, ob, wenn dem Gläubiger schlechthin πρᾶξις, πράσσειν zugesichert wird, damit eine Pfändungsklausel gemeint sei. Über den Stand der Frage siehe Mitteis, Reichsrecht und Volksrecht pg. 416 Anm. 3. Es ist Mitteis unbedenklich zuzugeben, dass πράττειν, πρᾶξις in erster Linie ganz allgemein: eintreiben, einfordern, exigere ist. So kann das Wort gebraucht werden für Pfändung auf Grund eines Urteils,[5] auf Grund eines Vertragspfandes,[6] auf Grund einer Pfändungsklausel[7] und darf daher nicht ohne weiteres und überall auf eine Pfändung auf Grund einer Pfändungsklausel [ohne Urteil] bezogen werden.

---

[1] So in der Tafel von Heraklea.

[2] S. Homolle im bull. de corr. hell. XIV pg. 433.

[3] S. den Schuldvertrag zwischen Alexandros und der Stadt Arkesine Athen. X 536 (ἀζημίως) und das Notstandsgesetz von Ephesos § 10 i. f. (ἀζημίοις ἁπάσης ζημίας).

[4] C. I. Gr. 3641 b; cf. Mitteis l. c. pg. 413 Anm. 2.

[5] S. z. B. Dittenberger syll. 71: ἐκ τῶν χρημάτων τῶν εἰσπραττομένων παρὰ τῶν τὰς δίκας ὠφληκότων. CIGr. Sept. 2227 d: ἐὰν τοῦτο ἐλεγχθείη — εἴσπραξις ἔστω.

[6] S. z. B. die Wendung πράξεις πράττειν ἐπὶ κτήμασιν in dem Notstandsgesetz von Ephesos.

[7] S. z. B. die Wendung πρακτὸς κατ' ἐνεχυρασίαν im Testament der Epikteta CIGr. 2448.

Wenn nun aber in einer Schuldurkunde dem Gläubiger ohne weiteres das Recht des πράττειν zugesichert wird oder der Schuldner als πρακτός, πράκτιμος bezeichnet wird, so ist m. E. hierin doch gegen Mitteis mit Goldschmidt[1] eine Exekutivklausel zu erblicken; denn wozu schliesslich das Zugeständnis, dass bei Verfall ein Urteil ergehen und dann bei günstigem Ausgang Exekution möglich sein solle? Das war doch wohl schliesslich selbstverständlich und hing nicht derart vom Willen des Schuldners ab, dass es erst noch von ihm hätte zugesichert werden müssen. Die Gewährung der πρᾶξις kann keinen anderen Sinn haben als den einer Exekutivklausel.

Mitteis glaubt, es wäre schwierig gewesen, dem gefährlichen Wort πρᾶξις aus dem Wege zu gehen; aber es ist ja keineswegs gesagt, dass allein durch das Vorkommen des Wortes πρᾶξις nun jede Urkunde zur Exekutivurkunde wird, nur da, wo nach dem eben gesagten sie schlechthin nichts anderes bedeuten kann. Die Parteien haben ja die Möglichkeit, durch nähere Erklärungen und Zusätze festzustellen, wie sie die πρᾶξις verstanden wissen wollen und so die Gefahr, von der Mitteis spricht, zu vermeiden.

Einen solchen beschränkenden Zusatz vermag ich aber in den Worten κατὰ τοὺς νόμους nicht zu erblicken; der Zusatz findet sich nicht nur im Nikaretadarlehn (C. I. Gr. Sept. I 3172), sondern ganz ebenso gut bei sicheren Exekutivklauseln, z. B. in dem Testament der Epikteta[2], wo ἐνεχυρασία κατὰ τοὺς νόμους und πρᾶξις κατὰ τοὺς νόμους gleichbedeutend gebraucht werden; in den delphischen Freilassungsurkunden haften die βεβαιωτῆρες als πράκτιμοι κατὰ τοὺς νόμους und auch in der Inschrift C. I. Gr. Sept. I 3171 wird am Ende nach ἔμπρακτος noch κατὰ τοὺς νόμους gestanden haben. Es erscheint daher

---

[1] Zeitschrift der Savigny-Stiftung X pg. 352 ff.: Inhaber, Ordre- und exekutorische Urkunden im klassischen Altertum.

[2] C. I. Gr. 2448.

kaum glaublich, dass mit dem Zusatz „ausdrücklich die Einhaltung des gewöhnlichen gerichtlichen Weges als notwendig bezeichnet wurde";[1] bei dem Nikaretadarlehn ist überdies darauf hinzuweisen, dass der Gläubigerin ausdrücklich das Recht gewährt wird, *πράττειν ὃν ἂν τρόπον βούληται.* Kommt dem Zusatz *κατὰ τοὺς νόμους* überhaupt eine Bedeutung bei, so ist am ehesten an eine gesetzliche Regulierung des Pfändungsrechts zu denken, etwa an Bestimmungen über das Verhältnis zwischen dem mutmasslichen Wert des genommenen Pfandes zum Betrage der Forderung, über die Reihenfolge, in der die einzelnen pfändbaren Sachen abgepfändet werden sollen u. s. w., über eine Mahnung oder Wartefrist, wie sie ja bei dem pignus in causa judicati captum s. o. pg. 57 Anm. 2 angenommen wird (*προθεσμία*).

c. Pfändung ohne Einräumung einer Pfändungsklausel bei privilegierten Forderungen.

Es gibt Forderungen, bei denen eine Pfändung rechtmässig erfolgt, ohne dass ein Urteil oder eine Pfändungsklausel vorliegt. Das sind zunächst Forderungen öffentlichrechtlicher Natur, die der Staat durch Pfändung entweder selbst erzwingt oder erzwingen lässt.

Ein Beispiel liefert die Rede des Demosth. g. Euergos und Mnesibulos, wo der Sprecher den Theophem *κατά τε τοὺς νόμους καὶ τὰ ψηφίσματα* (37, 1150) auspfändet, weil dieser das Schiffsgerät, das er vom Staat empfangen hatte, nicht abliefert; Boeckh[2] nimmt als wahrscheinlich an, dass je der Nachfolger in der Trierarchie den Vorgänger pfänden durfte, der die Geräte nicht ablieferte. In einem solchen Fall durfte denn auch wohl der Pfändungsberechtigte die Hilfe des Staates in Anspruch nehmen, so erhält der Sprecher bei Demosth. g. Euergos und Mnesibulos 35 (1149) *ὑπηρέτην παρὰ τῆς ἀρχῆς* für die Pfändung. Ein anderes Beispiel bietet

---

[1] So Wachsmuth im rhein. Mus. XL pg. 295 Anm. 2.

[2] Staatshaushaltung 3. Aufl. (Fränkel) I pg. 652.

die Rede des Antiphon *περὶ τοῦ χορευτοῦ*:[1] der Chorege darf die Eltern pfänden, die ihre Kinder nicht zum Chor stellen,[2] der Angeklagte behauptet das in schonender Weise gethan zu haben. Auch die Bestimmung des Steuertarifs von Palmyra[3] (137 n. Chr.), dass der Steuerpächter von renitenten Abgabepflichtigen Pfänder nehmen dürfe, darf hieher gezogen werden.

Gesetzliche Verleihung eines Pfändungsrechts für eine (hierdurch) privilegierte Forderung erblicke ich im Notstandsgesetz von Ephesos 39—42 (Recueil I pg. 34) zu Gunsten des hintergangenen zweiten Pfandgläubigers. —

Auch die uns aus dem deutschen Recht geläufige Pfändung um Schaden mag im griechischen Recht wenigstens in der Form vorgekommen sein, dass auf fremdem Boden getroffenes Vieh vom Eigentümer des Bodens zurückgehalten werden durfte. Auf diesen Fall scheint sich eine leider sehr verstümmelte, im Tempelrevier des Apollo Lermenus (Phrygien) gefundene und im Journal of hellenic studies VIII 393 publizierte Inschrift zu beziehen, wo Beschädigung von Reben durch Vieh vorgesehen, Zurückhalten des Viehs und des Hirten gestattet und der Ausdruck *ἐνεχυρασία* gebraucht wird; auch in dem Streit zwischen Koronea und Thisbe (C. I. Gr. Sept. I 2870) um das Eigentum an einer Weide wird man unter den genommenen Pfändern Vieh zu verstehen haben. — Man wird die Möglichkeit einer Pfändung wegen Schadenszufügung umsoeher annehmen dürfen, als das griechische wie das römische Recht den Eigentümer des Tieres für Schaden, den dieses anrichtet, haften lässt.[4]

---

[1] l. c. § 11: *οὔτε ζημιώσας οὔτε ἐνέχυρα βίᾳ φέρων*.

[2] Vgl. Boeckh, Staatshaushaltung, 3. Aufl. (Fränkel) I pg. 541. Plato, Gesetze XII pg. 949.

[3] S. H. Dessau, der Steuertarif von Palmyra, Hermes XIX pg. 486 ff., besonders pg. 523, 524. „Das Bild, das wir uns von Palmyra zu machen haben, ist durchaus das eines griechischen Gemeinwesens." — Vgl. dazu vorläufig für das römische Recht Gaius Instit. IV 28. —

[4] S. Plato, Gesetze XI, pg. 936. Plutarch Solon 24.

Die Bestimmung des Tempelreglements von Oropos (C. I. Gr. Sept. I 235), nach welcher der Priester von dem Fremden oder Einheimischen, der ἀδικεῖ ἐν τῷ ἱερῷ. Pfänder nimmt, darf kaum hieher gezogen werden; denn hier ist der Priester Richter (δικάζειν, ζημιοῦν) und pfändet (ἐνέχυρα λαμβάνειν) auf Grund seines eigenen Urteils. —

Eine Legalhypothek scheint das griechische Recht nicht zu kennen; von den römischen Legalhypotheken ist im griechischen Recht keine nachweisbar, namentlich nicht die Legalhypotheken des Verpächters und der Ehefrau.

Bei der Pacht finden wir nur insofern Übereinstimmung mit dem römischen Recht, als auch nach griechischer Auffassung der Verpächter in erster Linie auf die Früchte als Exekutionsobjekte greift, wenn ihm vertraglich das Pfändungsrecht zugesichert worden ist.[1]

Bezüglich der Dos haben die Herausgeber des Recueil I pg. 127 mit Recht auf Harpokration (v. ἀποτιμηταί) verwiesen, nach dessen Bericht der Ehemann seiner Ehefrau für die Dos ein Pfand zu bestellen pflegt (εἰώθεσαν); gegen die Annahme einer Legalhypothek spricht auch der Fall des Aphobos; Demosthenes fordert von Onetor nicht nur den Beweis der Dosbestellung, sondern auch der Verpfändung und stellt diese als besonderen Akt neben jene l. c. 8 (866), 18 (868). — Dass auch ausserhalb Athens für die Dos Pfandbestellung durch Vertrag, nicht durch Gesetz erfolgte, lehren die Register von Mykonos[2] und Tenos und die Horoi von Amorgos; es ist auch kein Bedürfnis vorhanden, eine Legalhypothek mit den Herausgebern des Recueil I pg. 46, 127 für Ephesos anzunehmen auf Grund des sog. Notstands-

[1] Vgl. den Pachtvertrag von Heraklea (Kaibel I 645), den Pachtvertrag von Aixone (C. I. A. II 1055 v.: καὶ ἐκ τῶν ὡραίων καὶ ἐκ τῶν ἄλλων), die Pachtverträge von Delos (Bull. de corr. hell. XIV pg. 433, Anm. 3 v.: ἐὰν δέ τι ἐνλείπει . . πραθέντων τῶν καρπῶν).

[2] Vgl. dazu auch Barilleau im Bull. de corr. hell. VI pg. 601.

gesetzes; in § 15 des genannten Gesetzes ist unter πρᾶξις (ἀποδιδόναι κατὰ τὰς πράξεις) nichts anderes zu verstehen als sonst im Gesetz: Verpfändung, Pfandkonvention.

Bezüglich der Ansprüche des Mündels gegen den Vormund aus der Vormundschaftsführung ist ebenfalls für Ephesos[1] die Existenz eines Legalpfandrechts von den Herausgebern des Recueil I pg. 46 behauptet worden, wie mir scheint, auch hier ohne Grund. In § 14 des Notstandsgesetzes darf man unter χρήματα nicht res pupilli verstehen, die der Vormund in natura noch besitzt, denn dass er diese ohne weiteres, ungeschmälert, ohne beneficium belli, herausgeben muss, ist klar; am einfachsten bezieht man den ganzen Passus auf ein Manko der Vormundschaftsrechnung (actio tutelae); mit μὴ κοινὸν εἶναι τὸν πόλεμον kann wiederum nur gemeint sein, dass die dem Schuldner günstige Art der Pfandverwertung nicht Platz greift; das Pfand selbst aber kann hier so gut wie in § 15 Konventionalpfand sein.

Es ist nun allerdings auffallend, dass gerade für Ephesos auch von ganz anderer Seite und für einen ganz anderen Fall ein Legalpfandrecht behauptet zu werden scheint; nach Vitruv[2] bestimmte in Ephesos eine vetusta lex, dass „obligantur bona" des Architekten, der einen öffentlichen Bau übernommen und einen Kostenvoranschlag gemacht hat, der nun um mehr als ein Viertel überschritten wird; mit den Worten „obligantur bona" kann ein Pfandrecht[3] gemeint sein; wahrscheinlich aber will Vitruv nur sagen, dass der Architekt mit seinem Vermögen für die Differenz aufkommt.[4]

---

[1] Dass sie für Attika nicht aus Demosth. c. Onet. I 7 (866) folgt, ist heute wohl anerkannt.

[2] Praefatio des zehnten Buches.

[3] Auf ein Pfandrecht bezieht die Stelle ohne weiteres Th. Wiegand, die puteolanische Bauinschrift (1894) pg. 685; ist ein Pfandrecht in Frage, so ist allerdings nach den Worten Vitruvs wohl ein Legalpfandrecht anzunehmen.

[4] Die Worte bona obligantur werden erklärt durch die später folgenden: ex eius bonis ad perficiendum pecunia exigitur.

Die einzige Stelle, die m. E. die Annahme eines Legalpfandrechts aufdrängt, hat Dernburg, Pfandrecht I pg. 71, nachgewiesen: Demosth. c. Timoth. 35 (1194). Timotheos hat dem Vater des Sprechers Auftrag gegeben, für ihn die Fracht für eine Ladung Holz auszulegen, das ein gewisser Philondas bringen werde; der Sprecher zahlt das Frachtgeld und nun behauptet Philondas, Eigentümer des Holzes zu sein; Demosthenes erwidert: wenn der Vater des Sprechers den Philondas als Eigentümer betrachtet hätte, so hätte er das Holz nicht abführen lassen, er hätte es durch Sklaven bewachen lassen und den Verkauf kontrolliert *ὑποκειμένων αὐτῷ τῶν ξύλων τοῦ ναύλου.* Damit scheint nun allerdings dem Sprecher ein Pfandrecht an der Ware wegen des ausgelegten Frachtgelds gegeben zu werden, obwohl vorher von einer solchen Verpfändung nicht die Rede war. Es wird aber in Wirklichkeit kein eigentliches Pfandrecht gewährt, sondern mehr nur custodia et observantia (*φυλάττειν*) und das Recht, Beschlag auf den vom Schuldner erzielten Kaufpreis zu legen; eine Verfügung über das Pfandobjekt selbst scheint der Gläubiger nicht zu erhalten.[1] —

[1] Es ist auch nicht anzunehmen, dass der Sprecher den Philondas zum Verkauf nötigen kann; dass Philondas verkauft, wird als selbstverständlich angenommen, da er das Holz *ἐμπορίας ἕνεκα* 35 i. f. (1194) gekauft hat. — Dernburg spricht von einem „Retentionsrecht, das man vom Pfandrecht nicht genügend unterschied." S. auch Platner, Prozess II pg. 307.

Sechstes Capitel.

Die Horoi.

Die Herausgeber des Recueil haben unter dem Titel „inscriptions hypothécaires“ die Horoi gesammelt; ihre Sammlung ist noch zu ergänzen durch folgende Horoi, die zum Teil von den Herausgebern übersehen, zum Teil erst später aufgefunden worden sind.[1]

Abteilung A. Hypothèques de mineurs.

9a. Attika, Kato Liossia. Athen. Mitteilg. XIII (1888) pg. 343: [ὅρος χωρίου] καὶ ο[ἰκίας ἀποτετι]μημέ[νων παισὶν] ὀρφανο[ῖς . . .] Ἀλαιέως. . . εωσιχρ . . .

Abteilung B. Hypothèques dotales.

24a. Attika, Diakria. Athen. Mitteilg. XII (1887) pg. 311. [ὅρος χωρίου κα]ὶ οἰκίας ἀποτ[ίμημα] προικὸς . . . . . ει Κλειο . . . . . .

24b. Attika, Porto Raphti, Bulletin de correspondance hellénique XV pg. 212: [ὅρ]ος χωρίου [καὶ ο]ἰκίας [Με]νεστρά-[τῃ] προικὸς [Φιλ]οχράτ[ους] Προσπα[λτί]ου θυγα[τρὶ] ἀποτίμ[ημ]α XI^{H}.

---

[1] Bemerkungen über die einzelnen Horoi:

9a.: nur teilweise geglätteter, viereckiger Marmor. (Grössenverhältnisse nicht angegeben.)

24a: rauher Stein; 0,18 Höhe, 0,30 Breite.

24b: stèle hypothécaire . . du quatrième siècle. (Grössenverhältnisse nicht angegeben.)

Abteilung C. Engagements sous forme de vente à réméré.

59a. Attika, Eleusis. *Ἐφημερὶς ἀρχαιολογική* 1883 pg. 147: *Ὅρος χωρίου πεπραμένου ἐπὶ λύσει παιδὶ Καλλιστράτου Η.*

59b. Attika, *παρὰ τὴν ἱερὰν ὁδόν. Δελτίον ἀρχαιολογικὸν* 1892 pg. 39: *[ὅρος χω]ρίο[υ κα]ὶ οἰκίας πε[π]ραμένων ἐπὶ λύσει Ἐρανισταῖς τοῖς μετὰ Φίλωνος ΧΧ.*

Abteilung F. Hypothèques conventionnelles.

65a. Attika, Pnyx. *Δελτίον ἀρχαιολογικὸν* 1892 pg. 1: *ὅρος οἰκίας ὑποκειμένης Χ Περιάνδρῳ Χολαρ[γεῖ].*

65b. Attika, Pnyx. *Δελτίον ἀρχαιολογικὸν* 1892 pg. 1: *ὅρος οἰκίας ὑποκειμένης Ἀλαιεῦσι ΗΗ.*

Von diesen Horoi gehören die meisten in die zweite Hälfte des vierten Jahrhunderts, näheres darüber Recueil I pg. 122 ff.[1] — Das allmählige Verschwinden der Horoi kann allerdings nicht wohl auf einem Zufall beruhen; vielleicht darf angenommen werden, dass in nachdemosthenischer Zeit auch in Athen Pfandbücher eingeführt wurden, die die Horoi überflüssig machten, möglich ist auch – das nehmen die Herausgeber des Recueil (I pg. 122) an —, dass man sich mit den *συνθῆκαι* begnügte.

Fundort ist bei weitaus der grössten Zahl der Horoi Attika, ausserhalb Attikas nur Amorgos, Lemnos, Naxos; bei der nahen Verwandtschaft dieser Inseln mit Athen darf man wohl mit den Herausgebern des Recueil (pg. 142) annehmen

Bemerkungen über die einzelnen Horoi:

59a: *ἐπὶ τεμαχίου στήλης λίθου ἐλευσινιακοῦ πανταχόθεν τεθραυσμένης ὕψ.* 0,28, *πλατ.* 0,21, *πάχος* 0,09.

59b: *πλὰξ ἐξ ἐγχωρίου λίθου (τιτανολίθου). Μῆκ. καὶ πλ. περίπου* 0,30 *μ.*

65a u. b: *αἱ δύο τελευταῖαι ἐπιγραφαὶ εἶνε κεχαραγμέναι ἐπὶ τῶν τειχῶν μιᾶς τῶν ἀποκαλυφθεισῶν οἰκιῶν.* — S. oben Cap. I pg. 10.

[1] Vgl. ausser den dort zitierten jetzt auch Aristot. *Ἀθ. πολ.* XII 4.

„que l'institution des inscriptions hypothécaires est bien une institution athénienne".

Bezüglich der äusseren Form der Horoi[1] sprechen die Lexikographen von *σανίδες, σανίδια* (Holztafeln), Pollux von *λίθος* oder *στήλη*; die Errichtung der Horoi wird mit *στῆσαι, ἐγκαταπηγνύναι, ἐπικρεμαννύναι, ἐπιτιθέναι ὅρους*,[2] allgemeiner mit *ὁρίζειν, προσορίζειν*[3], die Wegnahme der Horoi mit *ἀνασπᾶν, ἀφαιρεῖν, ἀναιρεῖν*[4] bezeichnet. Die Mehrzahl der erhaltenen Horoi sind viereckige Steine, nur wenige, z. B. 2. 24b. 38. 44. 59a, Säulen.

Die Steine sind von verschiedener Grösse; der grösste — soweit die Grössenverhältnisse angegeben sind — ist Horos 5: 0,75 m Höhe, 0,42 m Breite, 0,17 m Dicke; als Stein von Durchschnittsgrösse dürfte ein Stein von 0,3 m Höhe und 0,3 m Breite bezeichnet werden; da die Steine somit keine erhebliche Grösse erreichten, mussten sie an besonders geeigneten Plätzen angebracht werden. Das Material ist bald Marmor, bald gewöhnlicher Feldstein.

Inhaltlich zeigen die meisten Horoi, wenigstens die attischen, dieselbe Struktur.

1. Bezeichnung als Horos.

2. Bezeichnung des Objekts (*χωρίον, οἰκία*), eventuell auch der mitverpfändeten beweglichen Sachen.

3. Art des Pfandrechts (*ἀποτίμημα, πρᾶσις ἐπὶ λύσει*, Hypothek).

4. Bezeichnung der Forderung z. B. *προικός*: sie fehlt regelmässig bei *πρᾶσις ἐπὶ λύσει*, sie kann auch erfolgen

---

[1] Vergl. hierüber A. Stölzel, über die *ὅροι* des attischen Rechts und die tabulae der l. 22 § 2 D. quod vi aut clam in der Zeitschrift für Rechtsgeschichte V pg. 96 ff.; dem Verfasser jener Arbeit stand nur eine beschränkte Zahl der heute bekannten Inschriften zu Gebote.

[2] Bekker anecdota graeca I 192, 285.

[3] Demosth. c. Onet. II 4 (877).

[4] Demosth. c. Onet. II 3 (876); c. Timoth. 12 (1188); c. Aristogit. I 70 (791).

durch Verweisung auf die Schuldurkunde, συνθῆκαι. (Horoi 62. 63. 65. 66.)

5. Name des Pfandgläubigers im Dativ; im Falle des ἀποτίμημα προικός erscheint die Frau als Gläubigerin, im Falle des ἀποτίμημα bei μισθώσεως οἴκου der Mündel (παῖς ὀρφανός); ist der Gläubiger ein Eranos, so wird der Vorsteher desselben,[1] ist es ein Tempel, der Gott genannt.[2] Die Benennung des Pfandgläubigers fehlt in den Horoi 25. 28. 40. 43.

6. Die Summe; sie wird nicht erwähnt bei der μισθώσεως οἴκου, weil sich derBetrag, auf welchen der Vormund haften wird, jetzt nicht fixieren lässt; ebenso wenig bei der Bürgschaft.

7. Höchst selten der Name des Pfandschuldners; er kann entbehrt werden.

8. Höchst selten — und nur indirekt durch Verweisung auf die συνθῆκαι – die Verfallzeit; zur Erklärung dieser Erscheinung s. o. pg. 10.

9. Selten[3] das Datum der Verpfändung.

Die Bedeutung der Horoi ist klar. Die Existenz eines Horos ist für das Entstehen und Weiterbestehen eines Pfandrechts weder genügend noch notwendig. Der Horos dient lediglich dazu, dem Gläubiger den Beweis des Pfandrechts zu erleichtern[4] und das bestehende Pfandrecht Drittpersonen zur Kenntnis zu bringen im Interesse dieser und des Gläubigers; er wird errichtet ἕνεκα τοῦ μηδένα συμβάλλειν τοῖς προκατεσχημένοις,[5] damit niemand Rechtsgeschäfte abschliesse bezüglich dieser bereits verhafteten Sache. Der Gläubiger

---

[1] Stehende Formel: τοῖς Ἐρανισταῖς τοῖς μετὰ τοῦ δεῖνα.

[2] C. I. A. II 578.

[3] Horoi 5. 6. 16. 17. 49. 61. 65.

[4] S. z. B. Demosth. c. Aristogit. I 69 (791).

[5] Bekk. anecd. graec. I 285. Vergl. damit den Horos in der letzten Anmerkung dieses Capitels.

hat allerdings ein Interesse an dem Vorhandensein des Horos, Wegschaffung des Horos enthält eine Schädigung des Gläubigers, darauf beziehen sich übertreibende Äusserungen des Demosthenes, der in den Reden gegen Timotheos und gegen Phainippos mehrmals so spricht, als ob von Existenz oder Nichtexistenz des Horos die Existenz oder Nichtexistenz eines Pfandrechts abhängig wäre.[1]

Der Horos allein genügt aber auch nicht zum Beweis der Existenz eines Pfandrechts, er macht nicht formelle Wahrheit; das geht deutlich hervor aus der zweiten Rede des Demosthenes gegen Onetor, wo zugestandenermassen auf dem schuldnerischen Grundstücke mit Einwilligung des Schuldners Horoi auf den Namen des Gläubigers standen und doch die Existenz eines Pfandrechts mit Erfolg von Demosthenes bestritten wird mit der Hauptmotivierung 13 (879) *πῶς ἐστι δίκαιον . . ὅτι σὺ στῆσαι φῄς ὅρους, σὸν εἶναι τὸ χωρίον; ἐγὼ μὲν οὐδαμῶς οἶμαι· τὴν γὰρ ἀλήθειαν σκεπτέον κτλ.*[2]

Die Errichtung von Horoi ist nicht gesetzlich vorgeschrieben; im Falle der *μισθώσις οἴκου* sorgte wohl regelmässig der Archon auch für die Errichtung des Horos. In der Inschrift CIA II 578 werden die Priester von Myrrhinus angewiesen, Geld auf taugliche Immobilien auszuleihen *καὶ ὅρον ἐφ[ισ]τάναι. [ἐ]ὰν δὲ μὴ ὁρί[ζῃ], ὀφείλειν τὸν ἱερέα — καὶ τὰ χρή[ματα αὐ]τοῦ ὑποκείσθω τῷ θεῷ.* Es ist dabei vorausgesetzt, dass die Unterlassung der Errichtung eines Horos zu Verlust führen könnte, für den Schaden kommt der Priester auf.

Es scheint übrigens, dass man sich auch da, wo nur eine Forderung und nur ein Pfandrecht in Frage standen, nicht immer mit einem Horos begnügte, sondern zur Erreichung höherer Sicherheit mehrere gleichlautende errichtete; so ist bei Demosth. g. Spudias nur ein Haus in Frage, an wel-

[1] Demosth. c. Timoth. 12 (1188), c. Phainipp. passim.

[2] Vergl. auch den Ausdruck: *δικαίους ὅρους τιθέναι* 3 (876).

chem aber doch Horoi befestigt werden.[1] Es können an einem Objekt auch mehrere von verschiedenen Verpfändungsgeschäften herrührende Horoi nebeneinander sich befinden, s. Horoi 65a, 65b und dazu unten C. IX.

Horoi dienen nicht nur für die Konstatierung von Pfandrechten; sie werden auch verwendet zur Konstatierung von Eigentumsverhältnissen (Grenzen, Dotalcharakter,[2] Gesamteigentum[3]).

[1] Demosth. l. c. 6 (1029). Etwas anderes ist es natürlich, wenn eine Forderung auf mehrere Objekte versichert wird und nun wegen der Mehrheit der Objekte mehrere Horoi errichtet werden.

[2] Horoi 67. 68.

[3] CIA II 1098: *Ὅρος χωρίου κοινοῦ Εἰκαδέων. Μὴ συμβάλλειν εἰς τοῦτο τὸ χωρίον μηδένα μηδέν.*

Siebentes Capitel.

Die Rechte des Pfandgläubigers.

A. Das gesetzte Pfand.

a. Die *πρᾶσις ἐπὶ λύσει.*

1. Der Gläubiger wird Eigentümer des Pfandobjekts, das Pfandobjekt wird sein;[1] die Eigentumsübertragungshandlung wird sofort vorgenommen und nicht etwa bis zur Fälligkeit der Forderung verschoben; aber das Eigentum des Gläubigers ist nicht notwendig definitives Eigentum, der Schuldner hat die Befugnis, durch Zahlung das Pfand zu lösen; löst er es nicht, so hat er die Pflicht, das Pfand als definitive Leistung in der Hand des Gläubigers zu lassen.

Die Frist, innert deren die Lösung erfolgen kann, wird bei Demosth. g. Pantainetos vertraglich festgesetzt:

καὶ τιθέμεθα συνθήκας, ἐν αἷς ἥ τε μίσθωσις ἦν γεγραμμένη καὶ λύσις τούτῳ παρ' ἡμῶν ἔν τινι ῥητῷ χρόνῳ l. c. 5 (967);

in der Rede gegen Apaturios heisst es dagegen einfach:

ὠνὴν ποιοῦμαι τῆς νεὼς καὶ τῶν παίδων, ἕως ἀποδοίη τὰς δέκα μνᾶς l. c. 8 (894)

und ebenso wird in der Inschrift von Amorgos (Athen. Mitteilg. I pg. 346) ohne Fixierung eines Termins *ἐπὶ λύσει* verkauft.

Besitzübertragung auf den neuen Eigentümer wird nicht

---

[1] Vergl. z. B. die Worte *ἡμέτερον ὂν τὸ ἐργαστήριον* bei Demosth. c. Pantainet. 9 (969) und ebenda 29 (975) *ἐμισθώσαμεν τὰ ἡμέτερα.*

erfordert,[1] der Gläubiger kann den Schuldner im Besitz lassen; bei Mobilien war das gefährlich, bei Immobilien, wenn für genügende Publizität der Eigentumsverhältnisse gesorgt war, nicht.

In der Rede g. Apaturios scheint der Beklagte im Besitz der auf Lösung verkauften Sachen geblieben zu sein;[2] die Gutmütigkeit des Gläubigers rächt sich, da Apaturios die Sachen wegschaffen will und daran nur durch die *κατεγγύησις* des Gläubigers gehindert wird l. c. 9, 10 (895).

Der Gläubiger, der auf Zusehen und precario dem Schuldner den Besitz gelassen hat, kann jeden Augenblick die Sache wieder an sich ziehen.

Bei Immobilien scheint Verpachtung — der Gläubiger und Eigentümer verpachtet an den Schuldner — üblich gewesen zu sein; der Pachtzins ist nicht etwa nur eine Rekognitionsgebühr, sondern entspricht dem Zins des dargeliehenen Kapitals (Kaufpreises), er wird denn auch bald als *τόκος* bald als *μίσθωμα* bezeichnet;[3] bei Demosth. g. Pantainetos werden auf 105 Minen monatlich 105 Drachmen gezahlt, in der Inschrift von Amorgos auf 5000 Drachmen jährlich 500 Drachmen; dabei scheint der Pachtvertrag mit dem Kaufvertrag zusammenzufallen und verbunden zu werden; s. die Inschrift von Amorgos und Demosth. c. Pantain. 5 (967). — Ist ein solcher Pachtvertrag abgeschlossen, so sind für das Verhältnis der Parteien die Bestimmungen dieses Vertrags massgebend; dabei wird wohl in der Regel ausgemacht werden,

---

[1] Über die Frage, ob nach griechischem Recht Tradition zum Eigentumsübergang nötig sei, s. Meier-Schömann-Lipsius II pg. 715 Anm. 672 und die dort zitierten; das im Text Gesagte spricht gegen das Erfordernis der Tradition.

[2] Das muss nach den Ausführungen des Demosthenes 9 (895) gewiss angenommen werden.

[3] So steht bei Demosth. l. c. *μίσθωσις* 5 (967), *τόκοι* 7 (968); vergl. die Formulierung: *ἐμισθώσαμεν τῶν τόκων τῶν γιγνομένων* 29 (975). Die Inschrift von Amorgos braucht *μίσθωμα*.

dass unpünktliche Zinsung den Gläubiger und Eigentümer zur Aufhebung des Pachtverhältnisses und zur Besitzergreifung berechtigt.

Demosth. c. Pantain.: *ἐκεῖνος* (Gläubiger) *οὔτε τοὺς τόκους ἀπολαμβάνων οὔτε τῶν ἄλλων τῶν ἐν ταῖς συνθήκαις ποιοῦντος οὐδὲν τούτου* (Schuldner), *ἐλθὼν, παρ' ἑκόντος τούτου λαβὼν ἔχειν τὰ ἑαυτοῦ.* l. c. 7. (968).

Bleibt in diesen Fällen der Schuldner nach wie vor auf dem Grundstück, so bringen Grundbücher und Horoi den Eigentumsübergang Drittpersonen zur Kenntnis.

Nimmt der Eigentümer und Gläubiger selbst die Sache in Besitz, so steht ihm zweifellos das Recht zu, die Sache zu gebrauchen und zu nutzniessen, sofern nur die Substanz der Sache gewahrt bleibt.

2. Darf der Eigentümer, bevor die Lösungsfrist verstrichen ist, verkaufen? Szanto[1] scheint das unbedenklich anzunehmen; Lipsius[2] spricht von Übertragung des verpfändeten Grundstücks an einen neuen Scheinkäufer, ohne zu sagen, wen er übertragen lässt. Entscheidend ist für die Beantwortung der Frage die Erklärung des Rechtsfalls bei Demosth. g. Pantainetos: Pantainetos schuldet an Mnesikles 60 Minen, an Phileas und Pleistor zusammen 45 Minen; an Mnesikles hat er *ἐπὶ λύσει* eine Fabrik mit dreissig Sklaven verkauft. Der Sprecher und Euergos schiessen zusammen dem Pantainetos 105 Minen vor (*ἐδανείσαμεν Πανταινέτῳ*), Mnesikles verkauft ihnen die Fabrik und die Sklaven (*πρατὴρ ἡμῖν Μνησικλῆς γίγνεται*) und sie verpachten an Pantainetos (*μισθοῦται οὑτοσὶ παρ' ἡμῶν*). Nimmt man dies alles zusammen, so wird man zu der Annahme ge-

---

[1] Szanto, Hypothek und Scheinkauf im griechischen Recht, Wiener Studien IX pg. 288, allerdings mit der Modifikation, dass dann „der Käufer genau in die Rechte und Verbindlichkeiten des ersten Gläubigers trat, indem dieser gleichzeitig aller Verbindlichkeiten ledig wurde, aber auch aller Rechte verlustig ging“.

[2] Meier-Schömann-Lipsius II pg 694 Anm. 590.

drängt, dass die 105 Minen dazu bestimmt waren, die bisherigen Gläubiger (Mnesikles 60, Phileas und Pleistor 45) zu decken; Mnesikles wird befriedigt, das ihm auf Lösung verkaufte Objekt durch Zahlung gelöst; anstatt es an den Schuldner zu remanzipieren, verkauft er es an die neuen Gläubiger, Euergos und den Sprecher. Bei alledem handeln aber Mnesikles und die neuen Gläubiger durchaus nicht hinter dem Rücken des Pantainetos, sondern dieser ist zugegen und wirkt mit:

29 (975): *πρατὴρ δ Μνησικλῆς ἡμῖν ἐγεγόνει τούτου (Πανταινέτου) παρόντος καὶ κελεύοντος.*

Ob dabei die 60 Minen von den neuen Gläubigern direkt an Mnesikles gezahlt werden, oder an Pantainetos und von diesem an Mnesikles, ist gleichgiltig.

Die Erzählung des Demosthenes beweist also keineswegs, dass der Gläubiger vor Ablauf der Lösungsfrist ohne und gegen den Willen des Schuldners verkaufen durfte;[1] aus allem, namentlich auch aus der Beweisofferte 30 i. f. (975), geht m. E. das Gegenteil hervor.

Derselbe Fall, wie in der eben erwähnten Rede, liegt m. E. vor in dem § 44 des Registers von Tenos. An einen gewissen Artymachos verkaufen drei Personen ein Haus, das sie selbst von Euthygenes gekauft haben, unter Zustimmung und Mitwirkung dieses Euthygenes (*συνεπαινοῦντος καὶ συμπωλοῦντος Εὐθυγένους*). Die einfachste Erklärung für das Zusammenauftreten der drei Personen[2] und die Mitwirkung des Euthygenes bei dem zweiten Verkauf ist die: die drei Personen waren Gläubiger des Euthygenes, er hatte ihnen ihre Forderungen durch *πρᾶσις ἐπὶ λύσει*

---

[1] Ganz gleich verhält sich die Sache bei dem späteren Verkauf; der Sprecher und Euergos verkaufen an eine dritte Gläubigergruppe s. 30 (975): *ἡμεῖς ἀπεδόμεθα — οὐ μόνον κελεύοντος ἔτι τούτου, ἀλλὰ καὶ ἱκετεύοντος· οὐδεὶς γὰρ ἤθελε δέχεσθαι τοῦτον πρατῆρα.*

[2] Die drei Personen sind, wie es scheint, weder unter sich, noch mit Euthygenes oder Artymachos verwandt, so dass an eine communio incidens aus Erbgang nicht gedacht werden kann.

sichergestellt;[1] sie verkaufen nun — vor der Lösungsfrist — unter Assistenz des Verpfänders.

Wären sie schon unbeschränkte Eigentümer mit Verkaufsrecht, so würde Euthygenes nur als auctor (πρατήρ, Kaufhelfer) erscheinen, nicht aber als Mitverkäufer. S. über diesen Unterschied Recueil I pg. 95.

Auch bei Demosth. g. Apaturios liegt wohl ein Verkauf vor dem Lösungstermin mit Einwilligung des Schuldners vor.[2]

3. Bezahlt der Schuldner innerhalb der Lösungsfrist, so kann er Rückgabe der Sache in unversehrtem Zustand verlangen. S. darüber u. Cap. VIII A a.

Bezahlt der Schuldner innerhalb der Lösungsfrist nicht, so verfällt das Pfand dem Gläubiger definitiv; von einer Mahnung oder einer Gnadenfrist für den Schuldner ist nirgends die Rede; der Gläubiger wird nun definitiver Eigentümer der ganzen Sache;[3] er ist keineswegs gehalten, eine etwaige Differenz zwischen dem Wert des Pfandes und der Schuldsumme an den Schuldner herauszuzahlen. Das folgt schon aus der Bezeichnung des Geschäfts als πρᾶσις ἐπὶ λύσει: Der Gläubiger kauft und erwirbt durch Kauf Eigentum, der S c h u l d n e r kann (innert der Lösungsfrist) durch Zahlung lösen. Damit ist für den Griechen genug gesagt; davon, was der G l ä u b i g e r bei Nichtzahlung thun kann, ist nirgends die Rede, darüber werden keine Bestimmungen getroffen, also keine Verfallsberedung, keine Einräumung

---

[1] Ähnliche Fälle bei Szanto, W. Std. IX pg. 289 ff.

[2] Von Fälligkeit ist nirgends die Rede; das Einverständnis zwischen Gläubiger und Schuldner geht aus den Beredungen nach Kaufabschluss l. c. 12 (896) hervor; der Gläubiger verkauft, nur insoweit dies zu seiner Deckung nötig ist (hier das Schiff); denn sobald er den Forderungsbetrag vor dem Lösungstermin erhält, muss er sich zufrieden geben; die Gegenstände, deren Verkauf zur Erreichung der Deckung nicht mehr nötig ist (hier die Sklaven), hat er dem Schuldner wieder herauszugeben; so erklären sich die gegenseitigen Quittierungen 12 (896) i. f.

[3] So auch Dareste, nouv. rev. hist. 1877 pg. 171 ff.

des Verkaufsrechts, nichts. Das erklärt sich nur, wenn man annahm, dass die Antwort auf die Frage selbstverständlich war; selbstverständlich ist sie aber nur dann, wenn sie so lautet: Der Schuldner hat innert der Lösungsfrist von seinem Lösungsrecht keinen Gebrauch gemacht; der Gläubiger wird definitiv Eigentümer der auf Lösung verkauften Sache, ohne dass noch eine definitive Eigentumsübertragung nötig wäre.[1]

Damit scheint sich auch die Frage zu erledigen, wen der Untergang der auf Lösung verkauften Sache vor der Lösungsfrist traf. Der Gläubiger hat sich mit der Leistung des Schuldners zufrieden gegeben, wenn die Sache untergeht, so wird der Schuldner frei; er war nur noch berechtigt, die Sache auszulösen, nicht verpflichtet. Bei Immobilien ist die Frage minder wichtig, da ein Untergang der Sache selten ist; bei beweglichen Sachen kann die Frage leicht praktisch werden; dass sie im eben erwähnten Sinn zu entscheiden ist, ergibt sich auch aus der Behandlung des Faustpfands, s. u. c., durch argumentum a potiori.

Im übrigen läuft der Schuldner bei πρᾶσις ἐπὶ λύσει, wenn der Wert der Sache die Schuldsumme erheblich übersteigt, Gefahr, bei Nichtzahlung die ganze Sache zu verlieren; er muss also Sorge tragen, dass er den Lösungstermin einhält; das Mittel, das der Schuldner bei Demosth. g. Pantainetos mehrmals anwendet, liegt nahe: vor Verfall verschafft sich der Schuldner die zur Lösung nötige Summe bei einem neuen Gläubiger und verkauft diesem wiederum die Sache ἐπὶ λύσει; rückt auch bei diesem zweiten Gläubiger der Lösungstermin heran, so muss ein dritter Gläubiger helfen, dem wieder ἐπὶ λύσει verkauft wird u. s. w. —

4. Das Institut der πρᾶσις ἐπὶ λύσει ruht auf dem Gedanken, dass der Gläubiger in dem verkauften Objekt eine vorläufige Ersatzleistung erhalte; wird ihm die verkaufte

[1] Wie etwa im germanischen Recht (Heusler, Institutionen des deutschen Privatrechts II pg. 139 Anm. 11).

Sache von einem Dritten evinziert, so hat er die Rechtsstellung eines Käufers und kann vom Verkäufer *βεβαίωσις* und, im Fall des Unterliegens gegenüber dem Dritten, Rückzahlung des Kaufpreises und Ersatz allfälligen weiteren Schadens verlangen.[1] Aus Demosth. g. Pantainetos geht wenigstens soviel hervor, dass wenn Pantainetos selbst *ἐπὶ λύσει* verkaufen würde, ihn die Eviktionshaftung treffen würde, s. bsd. 29, 30 (975); das Gesetz von Gortyn erwähnt ausdrücklich den Verkäufer und Verpfänder und gewährt gegen beide einen Anspruch auf das Duplum, s. o. pg. 27 ff.; man wird unter diesen Umständen so weit gehen dürfen, wenigstens auf den Fall der *πρᾶσις ἐπὶ λύσει* die Vorschriften über die Eviktion bei Kauf anzuwenden.

Wo der Verkäufer für seine Eviktionshaftung Kaufbürgen (*βεβαιωτῆρες*) stellt, wird man diese auch bei der *πρᾶσις ἐπὶ λύσει* erwarten; sie können da wegfallen, wo der Käufer (Gläubiger) schon anderweitig gegen die Gefahr geschützt ist. Ein solcher Fall liegt wohl vor im Register von Tenos § 30. Die Herausgeber des Recueil sind sehr leicht über die schwierige Stelle hinweggegangen; sie machen lediglich darauf aufmerksam, dass hier der Kaufhelfer fehlt, weil es sich handelt um „un prêt auquel était intervenu un tiers" (pg. 95 Anm. 3). — Die Schwierigkeit der Stelle liegt in den Schlussworten *συνειφίοντος* (?) *κατὰ τὸ δά[νειον καὶ] συνομολογοῦντος Πυθοκρίτου*. Ich lege mir den Fall so zurecht; *δάνειον* bezieht sich auf die jetzt eingetragene *πρᾶσις* Euthytes — Archis...;[2] Euthytes und Pythokritos verpflichten sich als Korrealschuldner; Euthytes deckt die Gläubigerin vorläufig durch

[1] Das Nähere über Eviktionshaftung bei Kauf nach griechischem Recht bei Meier-Schoemann-Lipsius II pg. 717 ff. Bei Isaios über die Erbschaft des Dikaiog. 22 ff. lässt sich leider nicht feststellen, ob der Mikion, der von Dikaiogenes auf *βεβαίωσις* belangt wird, zu den *θέμενοι* oder *πριάμενοι* gehört, von denen im Vorausgehenden gesprochen wird.

[2] Die Herausgeber des Recueil I pg. 95 Anm. 2 beziehen die Worte auf „un prêt fait antérieurement". — Vergleiche zu der ganzen Frage auch unten Cap. X.

πρᾶσις ἐπὶ λύσει; an den anderen Schuldner wird sich die Gläubigerin erst halten können, wenn sich herausstellt, dass die Leistung des Euthytes keine Leistung war, weil das verkaufte Objekt evinziert wird. Pythokrates ist nicht Mitverkäufer, wohl aber Mitschuldner. — Eine Bürgschaft ist hier nicht mehr nötig.

5. Bisher wurde nur von dem Fall gesprochen, wo ein bestimmter Lösungstermin ausgemacht ist; es kommt aber auch vor, dass schlechthin ein Grundstück um einen bestimmten Betrag ἐπὶ λύσει verkauft und vom Käufer sofort an den Verkäufer zurückverpachtet wird; hier hat der Schuldner ein ständiges Einlösungsrecht; es sind dies Fälle, bei denen es dem Gläubiger nicht darum zu thun ist, möglichst rasch wieder zu seinem Gelde zu kommen, wo er vielmehr das Pfandverhältnis andauern lassen will und als Kapitalanlage betrachtet. Hieher gehört die Inschrift von Amorgos Athen. Mitteilg. I 348.

Ein Kapitalkündigungsrecht hatte in einem solchen Falle der Gläubiger nicht, selbstverständlich konnte er aber den Pachtvertrag so gestalten, dass er das Grundstück jeden Augenblick an sich ziehen konnte, wenn der Pächter (Schuldner) seinen Verpflichtungen nicht nachkam. —

Szanto hat in der πρᾶσις ἐπὶ λύσει ein Kunstprodukt zu erkennen geglaubt; das ist sie nicht. Verwandte Erscheinungen haben sich anderwärts gefunden; ich begnüge mich damit, auf das deutsche[1] Recht einerseits, auf das babylonische[2] und islamitische[3] Recht andrerseits hinzuweisen.

[1] Heusler, Institutionen des deutschen Privatrechts II pg. 134 ff.

[2] Kohler und Peiser, aus dem babylonischen Rechtsleben I pg. 15 ff., speziell pg. 20, 21; es findet sich dort zwar nicht Verkauf auf Lösung, wohl aber ein antichretisches Pfandrecht; der Gläubiger hat den Genuss des Hauses, er kann an den Schuldner vermieten, „dieser zahlt dann den Mietzins — er zahlt keinen Kapitalzins, da das Kapitalzinsrecht mit dem Besitze und Benutzungsrecht des Gläubigers ausgeglichen ist". —

[3] Kohler, islamitisches Obligationen- und Pfandrecht, Ztsch. f. vgl. R. W. VI pg. 228.

b. Die Hypothek.

1. Der Schuldner bleibt vorläufig im Besitz des Pfandobjekts; erst im Moment der Fälligkeit der Forderung wird der Schuldner *ὑπερήμερος*, der Gläubiger setzt sich ohne weiteres in den Besitz des Pfandobjekts; er bedarf dazu keiner gerichtlichen Ermächtigung; diese Besitzergreifung heisst technisch *ἐμβάτευσις. ἐμβατεία.*[1] *ἐμβαίνειν* = ingredi in possessionem; sie kommt nicht nur in Attika vor, sondern scheint gemeingriechisches Recht zu sein.[2]

Zweck der Embateusis ist in erster Linie zweifellos Besitzergreifung, Dejektion des Pfandschuldners; er wird ausgeschlossen (*εἴργειν*).[3] Die Art der Besitzergreifung wird je nach der Beschaffenheit des Objekts verschieden sein, sie wird immer in der Erreichung der thatsächlichen Herrschaft über die Sache bestehen. Beteiligung der Obrigkeit ist hier so wenig nötig, wie bei der Pfändung auf Grund eines Urteils; ob sich auch hier, wie dort, zwischen Fälligkeit und Exekution eine Notfrist (*προθεσμία*) einschiebt, lässt sich nicht feststellen, ebenso wenig, ob der Embateusis eine Mahnung vorausgehen muss; beides ist nicht sehr wahrscheinlich,[4] doch war wohl der Gläubiger verpflichtet, die Leistung des Schuldners auch nach der Fälligkeit noch anzunehmen, wenn

---

[1] S. Bekker anecd. graec. 249: *ἐμβατεία τὸ τὸν δανειστὴν ἐμβατεῦσαι καὶ εἰσελθεῖν εἰς τὰ κτήματα τοῦ ὑποχρέου ἐνεχυριάζοντα τὸ δάνειον.*

[2] S. Mitteis, Reichsrecht und Volksrecht pg. 413. 414.

[3] Strabo XIII, 3, 6.

[4] Vgl. die Erzählung des Strabo XIII, 3, 6; die zwanzigtägige Frist in der Lakritosurkunde 12 (926) bezieht sich nicht auf den Termin der Embateusis, sondern der Fälligkeit der Forderung; ähnliche Bestimmungen in ägyptischen Papyri bei dem Versprechen der Dosrückgabe; der Ehemann verspricht zurückzugeben *ἐν ἡμέραις . . . ἀφ' ἧς ἐὰν ἀπαιτηθῇ, ἐὰν δὲ μὴ ἀποδιδῷ, τῆς πράξεως οὔσης τῇ . . . . καθάπερ ἐκ δίκης* s. Aeg. Pap. 183. 251. 252. — Die zwanzigtägige Frist der Lakritosurkunde ist vielleicht identisch mit der auf dem Gebiet des Seedarlehns „seit alter Zeit üblichen" zwanzigtägigen Frist der Novelle 106 (praef., cap. I.).

er die Embateusis noch nicht vollzogen hatte.[1] Wird der Gläubiger an der Embateusis gehindert oder wird ihm nach vollzogener Embateusis der Besitz wieder entrissen, so steht ihm die *δίκη ἐξούλης* zu; s. über diese u. Cap. XI.

2. Bis hieher besteht wohl auch kein Streit; sehr bestritten ist nun aber, was die vollzogene Embateusis dem Gläubiger gewährt; Dareste[2] und Lipsius[3] nehmen an: Eigentum; Szanto:[4] Besitz und Verkaufsrecht; unentschieden Mitteis.[5] Die erstgenannte Ansicht scheint mir die richtige zu sein; die Bedenken Szantos sind nicht stichhaltig.

Bezüglich Szantos Verweisung auf Demosth. g. Apaturios vergleiche die zutreffende Bemerkung von Lipsius a. a. O. (*ἐνεβάτευον* = imperf. de conat.), bezüglich der Inschrift von Delphi s. u. 3. Für seine Ansicht führt Lipsius *mit* Recht an die anderweitige Verwendung des Wortes *ἐμβάτευσις*; es wird verwendet für den Erbantritt der Descendenten und den Eigentumserwerb im Fall des Kaufes, wenn der Käufer sofort an den Verkäufer zurückverpachtet. Aber die Richtigkeit der Ansicht lässt sich noch anders nachweisen.

In den demosthenischen Reden wird als Wirkung der Embateusis *ἔχειν* und *κρατεῖν*, einzeln oder verbunden verwendet; *ἔχειν* z. B. in der Rede g. Zenothemis, 14 (886) ff., *κρατεῖν* in der Rede g. Timotheos, 11 (1187); *ἔχειν καὶ κρατεῖν* in der Rede g. Pantainetos 10 (969); zwei Horoi (62, 63) bezeichnen als Wirkung ebenfalls: *ἔχειν καὶ κρατεῖν*. Demosthenes findet

---

[1] So hat man sich wohl den Fall bei Demosthenes g. Apaturios 6—8 (894) zu denken; die Forderung ist fällig, durch Zahlung wendet Apaturios die drohende Embateusis ab. Vgl. auch Isaios de Men. her. 28, 29.

[2] Nouv. Revue d. d. 1877 pg. 171, 172. Jetzt mit einer Modifikation im Recueil I pg. VI, pg. 43; vgl. u. pg. 95.

[3] Von der Bedeutung des griechischen Rechts (1893) pg. 30.

[4] Wiener Studien IX pg. 281 ff. Nach Szanto erwirbt der Gläubiger zunächst nur Besitz; nach einer bestimmten Frist erfolgt eine „Regelung der Eigentumsfrage", wie sie erfolgt, wird auf pg. 283 unentschieden gelassen; im folgenden (s. pg. 289) aber Verkaufsrecht angenommen.

[5] Reichsrecht und Volksrecht pg. 440, 441.

es verdächtig, dass Onetor nach Verfall seiner Forderung den Schuldner Aphobos noch *ἔχειν καὶ γεωργεῖν* lasse (c. Onet. I 26, 29, 871)[1] und ganz entsprechend sagt das Notstandsgesetz von Ephesos vom Gläubiger *ἐμβὰς εἰς τὰ κτήματα . . ἔχει τὰ κτήματα καὶ νέμεται.*[2] In Amorgos verkauft Nikeratos (Athen. Mitteilg. I pg. 346) drei Grundstücke, von denen er eines durch Erbteilung,[3] das andere durch Kauf erworben hat, das dritte *ἔχει θέμενος*: von einer Mitwirkung des Verpfänders ist dabei nicht die Rede.

Der Hypothekargläubiger verschafft sich durch Embateusis Besitz und Nutzung; es wäre denkbar, dass er nur dies und nicht mehr erhielte, bei ständigem Einlösungsrecht des Schuldners;[4] man muss aber weiter gehen und dem Gläubiger, der die Embateusis vollzogen hat, Eigentum zusprechen. Dafür spricht schon die eben erwähnte Inschrift von Amorgos, in welcher das *ἔχειν* aus Pfandrecht dem *ἔχειν* aus Kauf gleichgestellt wird und wie jenes zum Verkauf berechtigt; dieselbe Gleichstellung liegt bei

---

[1] Vgl. auch 29 (871, 872), wo Demosthenes sich darüber aufhält, dass der Verpfänder nach Verfall noch *τοὺς καρποὺς καὶ τὰ ἐκ τῆς γεωργίας ἅπαντ᾽ ἐξενεγκεῖν* dürfe.

[2] Vgl. ausser den im Text genannten Stellen etwa noch Plutarch de vit. aer. al. V; als normale Wirkung der Hypothek wird dort bezeichnet: *ἀγροὺς, οὓς ἀφαιροῦνται, τῶν χρεωστῶν γεωργοῦσιν, οἰκίας αὐτῶν, ἐκβάλλοντες ἐκείνους, οἰκοῦσιν.*

[3] So wird man wohl die Worte *ἔχει διελόμενος πρὸς τὸν ἀδελφὸν* zu verstehen haben.

[4] Es wäre dies das Gegenstück zu den oben pg. 80 erwähnten Fällen der *πρᾶσις ἐπὶ λύσει*; es ist sehr wohl denkbar, dass derartige Abmachungen vorkamen. In Aeg. Pap. 339 (129 n. Chr.) räumt der Schuldner dem Gläubiger das Recht ein, bei Verfall Grundstücke *γεωργεῖν καὶ καρπίζεσθαι . . . ἀντὶ τῶν τόκων κτλ . . μέχρι οὗ ἀποδῷ τὸ ἀργύριον*; aber es handelt sich hier um einen Fall, wo der Schuldner nicht Eigentümer war, also auch nicht Verfall zu Eigentum gewähren konnte; vgl. die Worte *δημοσίου ἐδάφους ἀρούρας τρεῖς*. Der Fall in Aeg. Pap. 301 liegt wohl gleich, dabei ist auch ausdrücklich von Verpfändung die Rede (*ὑπαλλάξας*), während dies bei N. 339 nicht der Fall ist, sofern nicht in Zeile 12 von Verpfändung gesprochen war.

Isaios über die Erbsch. d. Arist. 24 vor.[1] In einer Quellenstelle wird übrigens ausdrücklich dem Hypothekargläubiger Eigentum zugesprochen; der Volksbeschluss der Delphier Bull. de corr. hell. V pg. 165 bestimmt: wenn die Schuldner nicht rechtzeitig zahlen, *τὰ ἐνέχυρα τᾶς πόλιος ἔστω.*

Man darf für unsere Annahme auch zwei Stellen aus römischen Berichten anführen. Cic. ad fam. XIII 56, 2: *Philocles ὑποθήκας Cluvio dedit; eae commissae sunt; velim cures, ut aut de hypothecis decedat easque procuratoribus Cluvii tradat, aut pecuniam solvat.* Dass es sich um griechisches Recht handelt, ist klar, ebenso, dass unter *committi (lex commissoria?)* Cicero nur Verfall zu Eigentum gemeint haben kann; wenn der Schuldner nicht zahlt, muss er das Pfand fahren lassen.[2] Auf die andere Stelle hat schon Mitteis, Reichsrecht und Volksrecht pg. 441 hingewiesen: l. 101 pr. D. leg. (III); noch im zweiten nachchristlichen Jahrhundert bezeichnet es Scaevola als etwas für griechische Verhältnisse durchaus gewöhnliches, dass Pfänder *cessante debitore in proprium patrimonium [creditoris] rediguntur.*

Denkbar wäre, dass die Embateusis dem Gläubiger nicht sofort Eigentum verschaffte, so dass zwischen Besitzergreifung und Eigentumsübergang eine kleine Frist liegen würde, in der sich der Schuldner noch durch Zahlung frei machen könnte; doch ist von einer solchen Frist bei Vertragspfand nirgends die Rede.[3]

---

[1] V.: *τῶν ἀμφισβητησίμων χωρίων δεῖ τὸν ἔχοντα ἢ θέτην ἢ πρατῆρα παρέχεσθαι ἢ καταδεδικασμένον φαίνεσθαι;* bezüglich der Schlussworte stimme ich der Übersetzung von Schoemann bei, die von Lipsius (Rede, Anm. 34) und Hruza (Ehebegründung nach att. Recht pg. 105 Anm. 29) angenommen, von Leist (attischer Eigentumsstreit im System der Diadikasieen pg. 37) und Mitteis (Reichsrecht und Volksrecht pg. 502) verworfen wird.

[2] Zu decedere vgl. *ἀφίστασθαι* bei Demosth. c. Pantain. 10 (969). Man wird sich den Fall bei Cicero so zu denken haben, dass der Gläubiger die Embateusis noch nicht vollzogen hat.

[3] Eine solche Frist nehmen die Herausgeber des Recueil (pg. VI, 47) für das Gesetz von Ephesos an; sie beziehen darauf

Der Pfandgläubiger erhält Eigentum am ganzen Pfandobjekt, er ist nicht verpflichtet, die Differenz zwischen dem Forderungsbetrag und dem Wert des Pfandes herauszugeben. Meier-Schoemann-Lipsius (pg. 695, 696) und Platner (Prozess II pg. 307) verpflichten den Pfandgläubiger zu Verkauf und Herausgabe der Hyperocha. Für diese letztere Ansicht liegt nichts vor; dagegen spricht — ausser der Analogie der *πρᾶσις ἐπὶ λύσει* — die zweite Rede des Demosthenes gegen Onetor; Onetor hat sich von Aphobos das Haus für ein Talent verpfänden lassen und behauptet, er nehme dem Demosthenes nicht mehr weg (*ἀποστερεῖν*), als ein Talent, da das Haus nicht mehr wert sei; bei alledem scheint vorausgesetzt zu sein, dass Onetor, wenn sein Pfandrecht geschützt wird, wirklich das ganze Haus erhält, ohne Rücksicht auf die Höhe seiner Forderung.[1] — Dasselbe gilt aber auch bezüglich der sofort zu besprechenden Inschrift von Amorgos (Athen. Mitteilg. I pg. 348). — Für unsere Annahme spricht schliesslich auch der Umstand, dass eine Nachhypothek ohne Einwilligung des ersten Pfandgläubigers nicht bestellt werden kann (s. u. Cap. IX B).

3. Wird der Pfandgläubiger bei Verfall Eigentümer, so steht ihm — als Eigentümer — das Recht zu, die Sache zu verkaufen, ohne dass gegen einen solchen Verkauf der frühere Verpfänder Einsprache erheben könnte. So verkauft in Amorgos Nikeratos das ihm von Hexakestos verpfändete Grundstück[2] mit anderen Grundstücken; es wird dabei nicht einmal festgesetzt, wieviel von dem Totalkaufpreis gerade auf dieses Grundstück fällt, was doch selbstverständlich geschehen müsste, wenn Nikeratos verpflichtet wäre, an Hexa-

die *παγκτησία*, s. aber u. pg. 91. — Erörterung mit Bezug auf das Pfändungspfand s. u. pg. 99 ff.; über die rätselhaften *δίκαι καρποῦ, ἐνοικίου, οὐσίας* s. u. pg. 140 Anm. 4.

[1] L. c. 6 fl. (877); vgl. auch 13 (879), wo angenommen wird, dass das Pfandobjekt dem Onetor gehöre (*σὸν εἶναι*), wenn das Pfandrecht nachgewiesen werden kann. Vgl. auch unten pg. 109 Anm. 4.

[2] V.: *τὰ χωρία ἃ ἔχει θέμενος παρὰ κτλ.*

kestos einen allfälligen Überschuss (des Erlöses über den Forderungsbetrag, hyperocha) herauszugeben.

Zweimal wird dem Gläubiger ausdrücklich ein Verkaufsrecht eingeräumt, in der Lakritossyngraphe und in dem Volksbeschluss der Delphier Bull. de corr. hell. V pg. 165; da an beiden Orten der Wortlaut von Bedeutung ist, setze ich ihn bei.

Demosth. c. Lakrit. 12 (926): *ἐὰν δὲ μὴ ἀποδῶσιν ἐν τῷ συγκειμένῳ χρόνῳ, τὰ ὑποκείμενα τοῖς δανείσασιν ἐξέστω ὑποθεῖναι καὶ ἀποδόσθαι τῆς ὑπαρχούσης τιμῆς. καὶ ἐάν τι ἐλλείπῃ τοῦ ἀργυρίου, ὃ δεῖ γενέσθαι τοῖς δανείσασι κατὰ τὴν συγγραφήν, κατὰ Ἀρτέμωνος καὶ Ἀπολλοδώρου ἔστω ἡ πρᾶξις τοῖς δανείσασι . . . . . . καθάπερ δίκην ὠφληκότων καὶ ὑπερημέρων ὄντων κτλ.*

Volksbeschluss von Delphi l. c.: *εἰ δέ κα μὴ ἀποδίδωντι καθὼς γέγραπται, τὰ ἐνέχυρα αὐτῶν τᾶς πόλιος ἔστω καὶ οἱ ἐπιμεληταὶ ἀεὶ οἱ ἐγδανείζοντες κύρ[ι]οι ἔστωσαν πωλέοντες. εἰ δὲ πωλείμενα τὰ ἐνέχυρα μὴ εὑρίσκοι τὸ ἀργύριον, ποθ' ὃ ὑπέκειτο τᾶι πόλει, πράκτιμοι ἔστωσαν . . . τοῦ ἐλλείποντος ἀργυρίου αὐτός τε ὁ δανεισάμενος καὶ οἱ γενόμενοι ἔγγυοι κτλ.*

Was bedeutet die Einräumung des Verkaufsrechts? Es ist vor allem festzustellen, dass von einer Verpflichtung zur Herausgabe der Hyperocha mit keinem Wort die Rede ist. Wenn bei Demosth. g. Lakr. die Gläubiger verkaufen dürfen „*τῆς ὑπαρχούσης τιμῆς*", so heisst das unter keinen Umständen, dass sie nur in der Höhe ihrer Forderung verkaufen dürfen, sondern nur, dass sie verkaufen sollen um den vorhandenen Wert.[1] Lösen sie mehr als sie zu fordern haben,

[1] Dernburg (Pfandrecht I pg. 69) übersetzt „für den zu Grunde liegenden Wert verkaufen" und versteht darunter wohl eine Einschränkung auf den Betrag der Forderung; wenigstens nimmt er (pg. 76) eine Verpflichtung zur Herausgabe der Hyperocha an. — Zu dem Ausdruck *ὑπαρχούσης τιμῆς ἀποδόσθαι* vgl. auch syr.-röm. R. B. § 96: wenn der Schuldner — nicht bezahlt, so kann der Schuldherr das Pfand verkaufen um seine *τιμή*, die es wert ist; und wenn es dem Schuldherrn weniger einbringt als seine Schuld, so fordert er den Rest; wenn aber die *τιμή* mehr beträgt als seine Schuld, so gibt er es seinem Schuldner zurück.

so behalten sie das mehr, deswegen auch in dem delphischen Beschluss die Hauptbestimmung: ἐνέχυρα τᾶς πόλιος ἔστω.

Es handelt sich nicht um ein Verkaufsrecht, das zugleich eine Verkaufspflicht (zur Ermittelung der Hyperocha) wäre. Der Zweck der Einräumung eines Verkaufsrechts liegt m. E. auf der Hand: der Verkauf erfolgt im Interesse des Gläubigers zur Ermittlung des ἐλλεῖπον, nicht des zu viel, sondern des zu wenig; für das ἐλλεῖπον soll der Gläubiger trotz Realisierung des Pfandrechts Gläubiger bleiben und es wird ihm hiefür ein Pfändungsrecht zugesichert. Das erschien nicht selbstverständlich, weder das Forderungsrecht noch gar das dafür gegebene Pfändungsrecht. Das musste besonders stipuliert werden.[1]

Ich erkläre mir die Sache so: die Hypothek ist Verfallpfand; sie hat sich neben der πρᾶσις ἐπὶ λύσει entwickelt und zeigt dieselben Züge; auch sie erscheint dem Griechen als eine Ersatzleistung, mit der sich der Gläubiger eventuell zufrieden gegeben hat; vorausgesetzt nur, dass er die Sache, die ihm s. Z. als Hypothek bestellt wurde, bei Verfall in unversehrtem und unvermindertem Zustand erhält, darf er sich nicht beklagen, wenn er sich aus der Sache nicht befriedigen kann; er hat die Leistung des Schuldners im voraus genehmigt, so wie sie andrerseits der Schuldner im voraus als angemessen anerkannt hat.

Im Laufe der Zeit stellt sich für den Gläubiger das Bedürfnis heraus, sich durch Kautelen, wie wir sie in den beiden Quellenstellen haben, zu schützen; das Bedürfnis musste sich namentlich auf dem Gebiete des Seedarlehns zeigen, wo der Gläubiger keine Garantie hat, dass er wirklich in die Hand bekommt, was ihm als Pfand versprochen war; später — der Beschluss der Delphier stammt aus der ersten Hälfte des II. Jahrhunderts — mögen dann solche

---

[1] Vgl. auch die Formulierung des Pfandvertrags in l. 63 D. de fidejuss. XLVI 1 (Scaevola).

Beredungen auch bei Verpfändung von Grundstücken üblich geworden sein.

Die Beschränkung des Gläubigers auf die Hyperocha ist nicht ein notwendiges Correlat seines Rechtes auf den Fehlbetrag (*ἐλλεῖπον*): das geht aus den beiden Inschriften hervor. Aber mit dem Aufkommen und Häufigerwerden von Beredungen, wie wir sie hier kennen lernen, war Bresche gelegt in die ehemalige Struktur der Hypothek; die Hypothek beginnt damit, sich von der *πρᾶσις ἐπὶ λύσει* zu entfernen, der Ersatzgedanke weicht dem Sicherungsgedanken.[1] —

Wenn der Gläubiger sein Recht auf den Fehlbetrag geltend machen will, muss er verkaufen *τῆς ὑπαρχούσης τιμῆς*; ich kann in diesen Worten nur finden: er darf nicht zu Schleuderpreisen verkaufen, er soll vielmehr die Interessen des Schuldners wahren und einen rechten Kaufpreis zu erzielen suchen; dazu wird der Gläubiger — zwar ohne Mitwirkung der Obrigkeit, aber — öffentlich verkaufen, vielleicht auch zum Verkauf den Schuldner zuziehen.[2]

4. In der Lakritosurkunde wird dem Gläubiger auch das Recht gegeben, das Pfandobjekt bei Verfall zu verpfänden (*ὑποθεῖναι*); leider erfahren wir weder in der genannten Rede, noch sonst irgend wo etwas über den Inhalt einer solchen Befugnis; jedenfalls handelt es sich um eine Verpfändung der Sache, nicht des Pfandrechts. Das Pfandrecht des ursprünglichen Gläubigers ist mit einer solchen Verpfändung erledigt, durch Zahlung an ihn kann der Schuldner die Sache nicht mehr einlösen; hingegen frägt sich, ob er von dem creditor secundus die Sache herausverlangen kann, wenn er bereit ist, zu zahlen, was dieser von dem primus zu fordern hat und so

[1] Das ist wohl auch der Grundgedanke der Ausführungen von Szanto Wiener Studien IX.

[2] Man wird kaum irre gehen mit der Annahme, dass dem Pfandverkauf des Gläubigers ungefähr dieselben Schranken gesetzt waren, wie in Rom. — Aus dem II. Jahrhundert n. Chr. berichtet Philostratos (vit. Soph. II 21) von einem Fall, wo ein verpfändetes Haus vom Gläubiger auf dem Markt ausgeboten wird.

die Forderung zu tilgen, für welche die zweite Verpfändung erfolgt war. Die vergleichende Rechtsgeschichte kennt solche Wirkungen eines Pfandrechts mit Verpfändungsrecht;[1] die Möglichkeit, dass sie dem griechischen Recht bekannt waren, kann angesichts der Lakritosurkunde nicht in Abrede gestellt werden.

5. Ist das griechische Pfandrecht stehen geblieben auf dem Standpunkt des reinen Verfallpfands, wie er uns in den bisher betrachteten Urkunden entgegentritt? Ich halte das nicht für wahrscheinlich. Schliesslich musste doch der Gedanke durchbrechen, dass der Gläubiger auch auf dem Wege des Pfandrechts nicht mehr erhalten soll, als seine Forderung beträgt, dass er also herausgeben muss, was er in dem Pfande über den Forderungsbetrag hinaus hat. Solche Beschränkungen mögen zuerst vereinzelt aufgetreten d. h. ausbedungen worden und später häufiger vorgekommen sein. Das ist der Gang der Entwicklung ja auch anderwärts gewesen; sehen wir vom römischen Recht, wo ja alle einschlägigen Fragen bestritten sind, ab, so finden wir diese Entwicklung des Pfandrechts z. B. im indischen Rechte[2] und im deutschen Recht.[3]

Wo beginnt die Entwicklung im griechischen Recht? Vor dem Gesetz von Ephesos ergibt sich kein Anhaltspunkt; denn wenn Homolle im Bull. de corr. hell. XIV pg. 451 berichtet, dass in Delos *„l'emprunteur devait fournir un gage et donnait en hypothèque soit des terres, soit des maisons;*

---

[1] S. Kohler, pfandrechtliche Forschungen, § 1 (Pfandrecht mit Verpfändungsrecht) pg. 1 ff.; Kohler, indisches Pfandrecht, Ztschr. f. vgl. RG. III pg. 188. Dem Pfandgläubiger ist — nach griechischem Recht — nicht verboten, auf die Sache mehr Geld vom zweiten Gläubiger aufzunehmen, als er selbst von dem Schuldner zu fordern hat; er soll nur die Sache nicht mit mehr belasten, als sie wert *(ὑπαρχούσῃ τιμῇ?)* ist, so dass der Schuldner, der die Sache bei dem creditor secundus auslösen will, auch nicht mehr zahlen muss. Von einem Verpfändungsrecht des Pfandgläubigers vor Verfall finde ich keine Spur.

[2] Kohler, indisches Pfandrecht, Ztsch. f. vgl. RW. III pg. 188.

[3] S. u. pg. 94 Anmerk. 2.

mais les unes et les autres, faute de paiement, étaient sur le champ vendues jusqu'à concurrence de la dette", so nehme ich — da keine Quellenbelege für die Schlussworte gegeben sind — vorläufig an, dass die Schlussworte Homolles persönliche Ansicht über die Wirkung der Hypothek enthalten; stehen sie wirklich in delischen Tempelrechnungen, so wäre es vor allem wichtig, den Zeitpunkt kennen zu lernen, wo solche Urkunden zum ersten Mal auftreten. Ich lasse die Notiz Homolles in der Folge ausser Betracht. [1]

Das wichtigste Dokument für die spätere Gestaltung des griechischen Pfandrechts ist zweifellos das Notstandsgesetz von Ephesos[2] (84 v. Chr.); leider gibt es kein klares Bild, weil es schwierig wird, zu erkennen, was von den Bestimmungen des Gesetzes normal ist, was ausnahms- und privilegienweise verfügt wird.

Nach den Ausnahmebestimmungen des Gesetzes erhält der Gläubiger, wo das beneficium belli zur Anwendung kommt, nur einen seiner Forderung entsprechenden Teil des verpfändeten Grundstücks, wobei als Wert des Grundstücks der Wert des Grundstücks vor dem Krieg berechnet wird; zuerst wird dieser Wert und der Betrag der Forderung festgestellt; dann erfolgt auf Grund dieser Feststellung durch obrigkeitlich bestellte *διαιρεταί* die Verteilung des vom Schuldner verpfändeten Grundstücks zwischen Gläubiger und Schuldner. Den *διαιρεταί* werden genaue Weisungen gegeben, sie sollen die Grundstücke nicht zerreisen (*διασπᾶν*), sondern zusammenhängende Teile machen (*συνεχῆ μέρη*)[3] und Rücksicht nehmen auf die Wege zu den Heiligtümern,

[1] Ich bemerke nur dies eine: wenn eine solche Beschränkung in delischen Urkunden für das Pfändungspfand nachweisbar ist, so ist sie noch lange nicht bewiesen für das Vertragspfand. S. hierüber unten pg. 102.

[2] Vergl. über dasselbe jetzt statt aller Recueil I pg. 30—40 (Text), pg. 40—47 (Kommentar).

[3] Das Zerreissen der Grundstücke spielt auch sonst eine Rolle im griechischen Recht; vergl. z. B. das Verbot des *καταμερίζειν τὰς γέας* im Erbpachtvertrag von Mylasa Bull. de corr. hell. V pg. 110.

dem Wasser, den Gräbern, wobei wohl auch an Servitutbestellung zu denken ist.

Diese Ausnahmebehandlung des Pfandrechts legt nahe, dass in normaler Zeit auf den Pfandgläubiger Eigentum am ganzen Pfandobjekt überging. Das Gesetz bestätigt die vor dem Kriegsbeginn vollzogenen *ἐμβάσεις* (*κυρίας τὰς ἐμβάσεις*), kraft deren die Gläubiger *ἔχουσιν τὰ κτήματα καὶ νέμονται* und sieht den Fall vor, wo Streit über die *παγκτησία* entsteht (§ 19). Das letztgenannte Wort wird verschieden erklärt; die Erklärungen sind bei Lipsius (Rede pg. 30) zusammengestellt; Lipsius selbst übersetzt mit „Volleigentum" und denkt an den Fall, „wo der Wert des Grundstücks den Betrag des Darlehns übersteigt, also die Differenz dem Schuldner herauszugeben ist." Mir scheint diese Übersetzung richtig zu sein; ich glaube, man darf annehmen, dass es wirklich in normalen Zeiten in Ephesos vorkam, dass der Gläubiger nur soweit aus dem Pfande Befriedigung suchen durfte, als seine Forderung reichte; ich schliesse das aus der Behandlung der Nachhypothek; die Verpfändung der Hyperocha scheint durchaus üblich zu sein.[1] Die Lösung von Dareste, der *παγκτησία* mit propriété définitive übersetzt und annimmt, dass erst nach Ablauf einer bestimmten Zeit der Gläubiger, der durch Embateusis Besitz ergriffen hatte, auch Eigentum erwarb, scheitert m. E. daran, dass ein solcher Streit kaum denkbar ist, da das Gesetz sich mit Embateuseis beschäftigt, die bereits vor drei Jahren vorgenommen worden waren; so lang kann aber wohl die Frist zwischen Besitz- und Eigentumserwerb kaum gewesen sein.[2]

Ist meine Annahme richtig, so ist in Ephesos eine Beschränkung des Gläubigers auf den seiner Forderung ent-

[1] S. u. Cap. IX.

[2] Nach den eigenen Angaben der Herausgeber des Recueil ist der Monat Poseideon des Prytanen Demagoras der Dezember 87, während das Gesetz aus dem Jahre 84 stammt; man würde bei der Annahme von Dareste erwarten, dass im Gesetz eine Verlängerung der normalen Frist verfügt oder bestimmte Verfalltermine angesetzt würden.

sprechenden Wert des Pfandobjekts bereits häufig geworden; dass sie notwendig war und immer vorkam, braucht nicht angenommen zu werden; ich denke mir, dass ausdrücklich ausgemacht werden konnte, der Gläubiger habe die Hyperocha herauszugeben bezw. der Schuldner dürfe im Betrag der Hyperocha nachverpfänden und dass solche Beredungen so häufig wurden, dass der Gesetzgeber darauf Rücksicht nehmen musste; die *τινές (τῆς παγκτησίας ἄν τινες ἀμφισβητῶσιν)* sind nicht nur die Schuldner, sondern können ebensogut nachstehende Pfandgläubiger sein, die die Hyperocha von dem vorstehenden Gläubiger verlangen, der die Embateusis vollzogen hat. Wie die Ermittlung der Hyperocha erfolgte, bleibt dahingestellt; dass sie durch Verkauf erfolgen musste, ist unwahrscheinlich; es konnte gewiss auch eine Schätzung vorgenommen werden; vielleicht kamen die im Gesetz vorgesehenen *ἐπικρίσεις τῶν διαιτητῶν* (§ 4) auch in normalen Zeiten vor.

Immerhin bleibt die Frage zweifelhaft; die gegebene Lösung sucht sowohl dem Text, als der historischen Entwicklung des Pfandrechts gerecht zu werden.

Hat das griechische Recht in seiner Entwicklung den Punkt erreicht, wo die Beschränkung des Gläubigers auf den seiner Forderung entsprechenden Wert und die Pflicht zur Herausgabe der Hyperocha selbstverständlich erscheint und nicht erst ausbedungen werden muss? Ich möchte die Frage nicht ohne weiteres verneinen; aber sie darf auch nicht ohne weiteres bejaht werden, jedenfalls nicht gestützt auf die Erzählung des Philostratos de vit. phil. II 21.[1]

6. Vor Verfall ist das Recht des Gläubigers negativ: dem Schuldner sind verschiedene Verfügungen über die Sache untersagt, er soll das Pfand für den Gläubiger re-

[1] Ich sehe davon ab, dass es immerhin fraglich erscheint, inwieweit hier griechisches Recht vorliegt; aus den Worten *διακηρύττεσθαι πρὸς μυρίας δραχμὰς* geht gewiss nicht hervor, dass der Gläubiger nur diesen Betrag vom Kauferlös erhielt.

servieren und es ohne oder gegen den Willen des Gläubigers nicht veräussern und nicht verpfänden, s. u. Bewegliche Sachen soll er nicht unsichtbar oder schwer erreichbar machen, er soll vielmehr das Pfandobjekt ἐμφανῆ παρέχειν, καθιστάναι εἰς τὸ ἐμφανές.[1] Alles nähere hierüber s. Cap. VIII A b, IX B. Besitzergreifung vor Verfall ist gestattet im Fall der Dereliktion (s. u. pg. 108); dass sie schlechthin im Fall des periculum in mora zulässig sei,[2] lässt sich mit Demosth. c. Apatur. 10 (895) — wo es sich um πρᾶσις ἐπὶ λύσει handelt — nicht erweisen; man müsste dann wenigstens der Besitzergreifung eine gerichtliche Konstatierung der Gefahr vorausgehen lassen.

7. Thalheim[3] spricht auch von einer Antichrese bei der Hypothek, also wohl in dem Sinn, dass der Gläubiger zwar den Schuldner im Besitz der Sache beliesse, aber doch anstatt der Zinsen die Früchte erhielte. Als Beispiel zitiert er Demosthenes g. Spudias 5 (1029); aber dort handelt es sich um eine fällige Forderung und die Rechtsstellung des Gläubigers nach Verfall.[4] Über Antichrese bei Faustpfand s. u. pg. 95 ff.; über die einer Antichrese bei Hypothek nahe kommenden Bestimmungen des Testaments der Epikteta s. u. Cap. X 3. Bei der grossen Beliebtheit antichretischer Verträge mögen Verabredungen, wie Thalheim sie sich denkt, vorgekommen sein, nur muss man sich hüten, dann die Antichrese als Ausfluss oder gar als Essentiale der Hypo-

---

[1] Demosth. g. Dionysiodor 3 (1283), 38 (1293) u. ö.; beachte auch die Verabredung der Konventionalstrafe (1294).

[2] So Dernburg, Pfandrecht I pg. 74; cf. Meier-Schömann-Lipsius II pg. 696.

[3] Griechische Rechtsaltertümer pg. 89.

[4] Die Forderung war mit dem Tode des Polyeukt fällig geworden 5 (1920): ὁμολογηθεισῶν ἀπολαβεῖν, ὅταν Πολύευκτος ἀποθάνῃ. Ein Fall von Verpfändung einer συνοικία liegt vor dem Demosth. g. Nikostratos 12, 13 (1250), wo aber der Gläubiger keineswegs statt des Zinses die Mietzinse an Stelle des Schuldners einzieht, sondern einen bestimmten Kapitalzins erhält (ἐπὶ ὀκτὼ ὀβολοῖς τὴν μνᾶν δανείσαντι μηνὸς ἑκάστου).

thek zu betrachten. Hier mag auch erwähnt sein der Fall des Eubulos von Orchomenos, der der Gemeinde ein Darlehn gemacht und anstatt der Zinsen das Recht erhalten hat, sein Vieh auf die Gemeindeweide zu führen; man mag das Antichrese nennen, von einem Pfandrecht ist aber dabei gar keine Rede.[1] Über Horos 66 s. u. pg. 98.

Im Resultat ergibt sich, dass die Hypothek im grossen und ganzen auf dem Boden der πρᾶσις ἐπὶ λύσει steht und jedenfalls ursprünglich durchaus Verfallpfand ist. Es ist absolut unzulässig, etwas anderes deswegen anzunehmen, weil wir aus dem römischen Recht gewöhnt sind, in der Hypothek ein Verkaufspfand zu erblicken. Gerade so wie wir im deutschen Recht die ältere und neuere Satzung nebeneinander und beide zunächst als Verfallpfand finden,[2] gerade so hier πρᾶσις ἐπὶ λύσει und Hypothek; nur allmählich zeigt sich das Bestreben, die Hypothek anders zu gestalten. Das Nähere hierüber in Cap. X.

c. Das Faustpfand.

1. Objekt ist in der Regel eine bewegliche Sache; der Gläubiger erhält sofort den Besitz, die faktische Verfügung über die Sache wird dem Schuldner entzogen.

Über das Verhältnis von Faustpfand und πρᾶσις ἐπὶ λύσει s. o. pg. 14, 15.

Über die rechtliche Beurteilung des Faustpfandes erfahren wir sehr wenig. Man wird zu der Annahme berechtigt sein, dass bei Fälligkeit der Forderung dieselben Wirkungen eintraten, wie bei πρᾶσις ἐπὶ λύσει und Hypothek m.

---

[1] CIGr. 1569 = CIGr. Sept. I 3171. Boeckh nimmt ein Pfandrecht an, ebenso Wachsmuth, rhein. Mus. XL pg. 285; die richtige Erklärung jetzt bei Dittenberger zu CIGr. Sept. I 3171.

[2] Heusler, Institut. d. deutsch. Privatrechts II pg. 145: die sog. neuere Satzung ist zuerst aufgetreten mit demselben Ziele und Zwecke, wie die ältere Satzung, als Verfallpfand, wie diese.

a. W., dass das Pfand verfiel; dafür spricht die Behandlung des Untergangs des Pfandrechts vor der Fälligkeit s. u. pg. 96.

2. Im übrigen kann das Besitzpfand Deposital- oder Nutzpfand sein. Wo die Sache eine Nutzung zulässt oder gar erfordert, wird das Pfand in der Regel als Nutzpfand erscheinen. Das wichtigste Beispiel aus den Quellen ist der Faustpfandvertrag zwischen dem Vater des Demosthenes und Moiriades. Moiriades schuldet 40 Minen, dafür verpfändet er 20 Sklaven, die einen jährlichen Ertrag von 12 Minen abwerfen. Dieser Ertrag tritt an Stelle der Zinsen,[1] ohne dass etwas auf das Kapital angerechnet würde, und die Art, wie Demosthenes von dem ganzen Geschäft spricht, weist darauf hin, dass solche Verpfändungen üblich waren. Man darf sich nicht daran stossen, dass Demosthenes nun von 40 Minen jährlich 12 Minen Zins zu ziehen scheint; von diesen 12 Minen gehen ab die Auslagen *(ἀναλώματα)* für den Unterhalt der Sklaven, die Aphobos dem Demosthenes auch wirklich verrechnet.[2] Die Art der Verwertung des Pfandobjekts wird als Fruchtziehung bezeichnet *(καρποῦν)*.[3] Wir kennen die näheren Bestimmungen des Vertrages zwischen Moiriades und dem Vater des Demosthenes nicht.

Es liegt nahe, hier geradezu eine antichresis tacita zu erblicken; es mag wohl sein, dass bei Verpfändung von Sklaven im Zweifel angenommen wurde, die Verwertung des Sklaven solle an Stelle der Zinsen treten; man kann sich dabei stützen auf das syrisch-römische Rechtsbuch, das ausdrücklich bestimmt:

---

[1] Von Zinsen ist nirgends die Rede; dass die Arbeit ganz an Stelle der Zinsen tritt, ohne auf das Kapital angerechnet zu werden, geht besonders aus der ersten Rede hervor 29 (822), wo Demosthenes behauptet, Aphobus habe ihn bestohlen um das Kapital = 40 Minen und 10 Jahreserträge von den Sklaven = 120 Minen (2 Talente).

[2] Demosth. c. Aphob. I 24 (821).

[3] Demosth. c. Aphob. I 26 (821).

wenn ein Mann einem anderen eine Sklavin verpfändet, so soll ihre Arbeit Entschädigung für die Zinsen sein.[1]

Man darf vielleicht geradezu soweit gehen und annehmen, dass das Faustpfand Nutzungspfand war, wo immer es seiner natürlichen Bestimmung gemäss nutzbar war, wie ja auch bei der Hypothek an den Übergang des Besitzes sich der Übergang des Nutzungsrechts knüpft.

3. Die übrigen Faustpfandobjekte, denen wir in den Quellen begegnen, lassen eine Nutzung kaum zu; wo der Verpfänder Silbergeschirr etc. versetzt, wird das Pfand in der Regel reines Depositalpfand sein. Zwar lässt sich auch hier die Einräumung eines Benutzungsrechts denken,[2] doch kann dieses nicht so bedeutend sein, dass es sich der Gläubiger an Stelle der Zinsen anbieten liesse. Bei Lysias will ein Kreditsuchender für eine Darlehnssumme von 16 Minen eine goldene Schale verpfänden und sie in kurzer Frist mit 20 Minen wieder einlösen.[3] Hier liegt also sicher keine Antichrese vor. — War das Pfand Depositalpfand, so war — abgesehen von besonderer Beredung — eine Benutzung desselben dem Pfandgläubiger sicherlich verboten, dass sie aber, wie im römischen Recht, als Diebstahl (furtum usus) behandelt worden wäre, lässt sich nicht nachweisen.

4. Das Gegenstück zum Gebrauchsrecht ist die Gefahrtragung. Geht das Faustpfand bei dem Gläubiger unter, so verliert dieser nicht nur sein Pfandrecht, sondern auch die Forderung. So berichtet Lysias in der Rede *κατηγορία κακολογιῶν* (VIII) 10:[4] der Sprecher hat als Faustpfand ein

---

[1] So die armenische Version (133); der syrische Text (99) sagt genauer: wenn ein Mann einem anderen als Pfand gibt eine Sklavin und gibt sie als *νομή*, damit sie Arbeit bei ihm verrichte, so soll es für die Zinsen des Geldes sein, welches ihr Herr geborgt hat.

[2] Vergl. a. d. römischen Recht die Entscheidung Papinians in l. 9 § 2 D. de supp. leg. XXXIII 10 und dazu Kohler, pfandrechtliche Forschungen pg. 72.

[3] Lysias, über das Vermögen des Aristophanes (XIX) 25.

[4] L. c. *ὡς οὐ δίκαιόν με εἴη κομίσασθαι τὸ ἀργύριον.*

Pferd erhalten, dieses steht um; er will nun vom Schuldner das Kapital einklagen, wird aber belehrt, dass er gar nichts mehr zu fordern habe.

Die Nachricht des Lysias steht nun allerdings vereinzelt da; aber ich stehe nicht an, sie für richtig zu halten, und ebenso für das griechische Recht überhaupt zu entscheiden.[1] Es liegt hier wieder der Gedanke zu Grunde, dass der Gläubiger im Pfand eine eventuelle Befriedigung habe, mit der er sich einverstanden erklärt hat. — Eines freilich erscheint fraglich, ob auch bei einem reinen Depositalpfand der Untergang der Pfandsache bei dem Gläubiger den Schuldner befreite; ich würde die Frage eher verneinen.

5. Gibt es auch Faustpfand an Immobilien? Eine Besitzübertragung lässt sich nur denken, wenn dem Gläubiger Bewirtschaftung und Fruchtziehung zugestanden wird, sei es nun, dass er die Früchte an Stelle der Zinsen erhält oder in anderer Weise sich anrechnen lässt.

Wo nicht Hypothek vorliegt, treffen wir bei Grundstücken *πρᾶσις ἐπὶ λύσει* und, wo diese möglich ist, wird sich auch kaum ein anderes Besitzpfand finden, jedenfalls ist es nirgends nachweisbar.

Dagegen wird man zum Faustpfand da gegriffen haben, wo *πρᾶσις ἐπὶ λύσει* nicht oder nicht mehr zugänglich war. Die Beispiele sind überaus selten. — Der Fall des Eubulos von Orchomenos gehört nicht hieher, ebensowenig derjenige der Rede des Demosthenes g. Spudias.[2] — Wenn dagegen in einem Erbpachtvertrag von Mylasa dem Pächter verboten wird: *μήτε ἀποδόσθαι τὴν γῆν ταύτην μήτε ὑποθεῖναι μηδὲ ἄλλοις παραδοῦναι μηδ' ἐ[νέχ]υρα παρέχεσθαι πρός τι τῶν*

[1] S. zur Frage auch Hofmann, Beiträge zur Geschichte des griechischen und römischen Rechts pg. 113 ff. — Das ältere deutsche Recht lässt den Faustpfandgläubiger bei Untergang der Sache seine Forderung verlieren, wenn das Pfand ein essendes Pfand ist s. Stobbe, deutsches Privatrecht II pg. 689.

[2] S. o. pg. 93. 94.

ὀφειλημάτων κτλ. (Lebas et Waddington 404), so scheint es in Mylasa für Grundstücke neben der Verpfändung zu Hypothek eine solche zu Faustpfand gegeben zu haben. Das wird noch wahrscheinlicher gemacht durch andere Inschriften aus demselben Orte und dem benachbarten Olymos; mehrmals werden bei Verkäufen von Grundstücken die Nachbarn (*ὅμοροι*) aufgeführt; in der Regel sind diese Eigentümer; wo der Eigentümer nicht besitzt (zur Zeit nicht Nachbar ist), wird der Besitzer als *ὅμορος* aufgeführt, aber zugleich sein Besitzestitel und der Eigentümer genannt nach folgender Formel:

[*ὁμόρου*] *τοῦ δεῖνα ἀφ' ὧν*[1] *ἔχει ἐν ὑποθέσει παρὰ τοῦ δεῖνα.*[2]

Ein anderer Besitzestitel ist *ἔχειν ἐν μισθώσει.*[3] Man hat anzunehmen, dass der Pfandgläubiger besitzt und wohl auch den Nutzen[4] zieht. Aus der Verbindung dieser Inschriften mit dem oben erwähnten Erbpachtvertrag geht wohl hervor, dass hier weder *πρᾶσις ἐπὶ λύσει* noch Hypothek, sondern Faustpfand vorliegt.

Wie ein solches Faustpfand behandelt wurde, wissen wir nicht, doch ist wahrscheinlich, dass auch hier der Ertrag an Stelle der Zinsen trat oder wenigstens treten konnte.

Hierher gehört wohl auch Horos 66,[5] wenn dort wirklich vor *μισθωμάτων* zu ergänzen ist: *ὅρος χωρίου καί.* Der Schuldner verpfändet ein Grundstück, das er bereits verpachtet hat, der Gläubiger lässt den Pächter auf dem Grund-

---

[1] D. i. mit Bezug auf die Grundstücke.

[2] Es kommen folgende Inschriften in Betracht: Lebas et Waddington 338, Bull. de corr. hell. XII pg. 26. 27, Athenische Mitteilungen XIV pg. 382 ff.

[3] Bull. de corr. hell. XII pg. 26. 27.

[4] Möglich wäre es auch, das *ἔχειν ἐν ὑποθέσει* auf die Stellung eines Hypothekargläubigers nach Verfall zu beziehen; aber die Gleichstellung des *ἔχειν ἐν μισθώσει* spricht dagegen.

[5] S. auch oben pg. 46.

stück; er übt den Besitz durch den Pächter aus und bezieht an Stelle der Zinsen die Früchte des Pfandobjekts in Form des Pachtzinses, den ihm der Pächter zahlt. Jedenfalls ist als Schuldner der Verpächter anzusehen, denn der Pächter kann das Grundstück nicht verpfänden; eine Gefahr für den Pächter ist bei einer solchen Verpfändung dann ausgeschlossen, wenn die Schuld des Verpächters erst nach Beendigung der Pachtzeit fällig wird.

6. Sieht man vom Depositalpfand ab, so ergeben sich für das Faustpfand dieselben Wirkungen wie für die *πρᾶσις ἐπὶ λύσει* mit dem Unterschied, dass einerseits der Besitz des Gläubigers wesentlich wird, andrerseits eine Eigentumsübertragung nicht stattfindet. Das Faustpfand vertritt für Mobilien die Stelle der *πρᾶσις ἐπὶ λύσει*[1].

Im Falle des Depositalpfands ist der Gläubiger auf den Besitz angewiesen.

B. Das genommene Pfand.

Bisher war nur vom gegebenen Pfand die Rede; das genommene Pfand ist gesondert zu behandeln. Die Quellen versagen hier fast ganz; immerhin lässt sich einiges feststellen.

Meier-Schoemann-Lipsius (II pg. 965) bemerken lakonisch: „dass die abgepfändeten Sachen, wenn sie der Gegner nicht einlöste, entweder öffentlich verkauft oder taxiert werden mussten und dass man den Überschuss ihres Wertes herauszugeben verbunden war, lässt sich wohl kaum in Zweifel ziehen.“ Als Belegstelle wird zitiert C. I. A. II N 814a Z 25

[1] *πρᾶσις ἐπὶ λύσει* an Mobilien ist nur bei Dem. c. Apatur. (s. o. pg. 14) nachweisbar und wird dort in einem Fall verwendet, wo der Schuldner im Besitz der Sache bleiben soll; hier will man kein Faustpfand. Denkbar ist immerhin, dass der *πρᾶσις ἐπὶ λύσει* eine grössere Verbreitung zukam, als wir nach dem heutigen Stande der Quellen annehmen. Auch das deutsche Recht kennt einen Verkauf auf Widerkauf nur bei Immobilien, s. Heusler, Instit. d. deutsch. Priv.-R. II pg. 205.

eine Stelle, aus der nicht mehr hervorgeht, als dass ein Verkauf genommener Pfänder vorkam.

Ich habe oben nachzuweisen versucht, dass das griechische Vertragspfand nicht Verkaufspfand, sondern reines Verfallpfand war; ich möchte für das Pfändungspfand nicht ohne weiteres gleich entscheiden. Ich gelange dazu auf Grund folgender einfacher Überlegung.

Bei dem Vertragspfand bestimmt der freie Wille des Schuldners von Anfang an ein bestimmtes Exekutionsobjekt als eventuelle Ersatzleistung; der Schuldner kann sich nicht beklagen, wenn ihm im Falle der Nichtzahlung gerade diese Sache und zwar gänzlich und definitiv weggenommen wird.

Ganz anders das Pfändungspfand! Der Gläubiger darf pfänden ohne irgend welche Mitwirkung und Aufsicht der Obrigkeit[1]; die Wahl der Exekutionsobjekte ist ihm ganz freigestellt; er kann, wo ihm nicht bestimmte Schranken gesetzt sind, wählen und nehmen, wieviel und was er will und zu seiner Deckung für nötig erachtet; der Schuldner muss ihn gewähren lassen. Andrerseits steht fest, dass der Gläubiger nicht lukrieren soll, er soll nicht mehr erhalten, als zur Befriedigung seiner Forderung nötig ist. In irgend einer Weise muss der Gläubiger hier kontrolliert und der Schuldner geschützt werden; wenn dies bei der Pfändungshandlung nicht geschieht, so muss es nachher geschehen. Die Pfändung darf nicht ohne weiteres dem Gläubiger Eigentum an den abgepfändeten Sachen verschaffen.

Ein Weg bietet sich ohne weiteres dar: man lässt den Pfändenden nicht sofort Eigentum erwerben, sondern gewährt ihm nur ein Pfandrecht; zahlt der Schuldner nach einer bestimmten kurzen Frist immer noch nicht, so verfällt das Pfand; der Gläubiger erwirbt Eigentum. Die vergleichende Rechtsgeschichte zeigt diese Wirkung der aussergerichtlichen Pfändung zum Beispiel im jüngeren longo-

---

[1] S. o. pg. 57 ff.

bardischen und im burgundischen Recht[1]. -- Das dürfte wohl auch im griechischen Recht die ursprüngliche Behandlung des Pfändungspfandes gewesen sein: Der Pfändende erhält an den abgepfändeten Sachen die Rechte eines Faustpfandgläubigers: *ἐνέχυρα λαμβάνει.* Dass eine kleine Frist dem Schuldner gegeben war, geht wohl aus Demosth. g. Euergos und Mnesibulos hervor; so wenig wir über die Wirkung der Pfändung aus der Rede entnehmen können, das eine scheint mir doch sicher, dass Theophem einen Tag nach der Pfändung sein Geld noch vom Schuldner angenommen hat und nun zur Herausgabe der abgepfändeten Sachen angehalten wird[2]. Wie lange die Frist war, lässt sich nicht ermitteln; war sie, was anzunehmen ist, kurz, so lässt sich sehr wohl denken, dass dem Gläubiger eine Benützung der gepfändeten Sache bis nach Ablauf der Notfrist untersagt, das genommene Pfand also von Gesetzes wegen reines Depositalpfand war. Aber auch dies Verfahren hat seine Bedenken; der Schuldner ist nicht genügend geschützt; wenn die Pfändung selbst unkontrolliert bleibt, kann der Gläubiger dem Schuldner soviel wegnehmen, dass für diesen das Einlösungsrecht in der Notfrist wieder illusorisch gemacht wird. —

Ein anderer Weg ist der: man gibt dem Gläubiger vorläufig wieder nur ein Zurückbehaltungsrecht; nach kurzer Frist erfolgt nicht Verfall des Pfandes, sondern Liquidation; die Pfänder werden geschätzt oder verkauft, die Hyperocha fällt an den Schuldner; hier ist der Schuldner geschützt. Dieser Weg wurde nach Meier-Schoemann-Lipsius eingeschlagen. Die Idee eines Verkaufes genommener Pfänder war jedenfalls den Griechen bekannt. Bei Plato Gesetze XII 949 wird Pfändung angedroht, wenn diese nicht hilft, Verkauf der gepfändeten Sachen; man kann auch aus den Worten Platos

---

[1] Vergl. Brunner, deutsche Rechtsgeschichte II pg. 450. 451.

[2] Demosth. l. c., besonders 77 (1162).

herauslesen, dass zwischen Pfändung und Pfandverkauf ein kurzer Zeitraum liegt, innert dessen der Schuldner „der Pfändung gehorchen" d. h. zahlen und durch Zahlung den Pfandverkauf abwenden kann. Von einer Hyperocha und einer Herausgabe derselben steht in der Stelle nichts, Plato sagt nur, der Erlös gehöre der Stadt (Gläubigerin). – Ein anderes Quellenbeispiel, das man wohl auch als griechisches Recht enthaltend ansehen darf, ist der Steuertarif von Palmyra[1]. In demselben wird dem Steuerpächter das Recht gegeben, von den renitenten Abgabepflichtigen Pfänder zu nehmen Col. III c. 17 ff.; nach einer gewissen Anzahl von Tagen[2] darf er die Pfänder verkaufen; der Verkauf soll öffentlich erfolgen und ohne Dolus des Gläubigers[3]. Man wird auch annehmen dürfen, dass die Hyperocha dem Schuldner zu restituieren ist[4].

Die Stellen berechtigen m. E. noch nicht zu der Annahme, dass das griechische Recht auf dem Gebiete des Pfändungspfandes zum Verkaufspfand mit Pflicht zur Herausgabe der Hyperocha gelangt sei. Ganz ausgeschlossen ist die Möglichkeit allerdings nicht und keinesfalls ist gesagt, dass, wenn das Vertragspfand Verfallpfand geblieben ist, deswegen auch das Pfändungspfand Verfallpfand bleiben musste. Was an dem

---

[0] *Τοῖς δὲ μὴ πειθομένοις ἐνεχυρασίαν τούτοις οἷς ἂν ἡ πόλις ἅμα καὶ νόμος εἰσπράττειν προστάττῃ, τῶν δ᾽ἀπειθούντων ταῖς ἐνεχυρασίαις πρᾶσιν τῶν ἐνεχύρων εἶναι, τὸ δὲ νόμισμα γίγνεσθαι τῇ πόλει.*

[1] Publiziert und besprochen von H. Dessau im Hermes XIX pg. 486 ff.; besonders pg. 523. 524. S. auch oben pg. 63 Anm. 3.

[2] Die Zahl fehlt; *ἡμέρα* ist lesbar.

[3] Dessau liest: [*ἐν τόπῳ δημ*]*οσίῳ* . . . . *χωρὶ*[*ς*] *δόλου*.

[4] Man darf das vielleicht auch den Worten *χωρὶς δόλου* herauslesen; das Gegenteil darf jedenfalls nicht aus der Platostelle herausgelesen werden, denn dort handelt es sich um obrigkeitliche Pfändung und einen Staatsschuldner.

einen Orte erträglich war, konnte an dem anderen auf die Dauer unerträglich werden[1].

Wir sind bisher von der Annahme ausgegangen, dass die Pfändung eine aussergerichtliche war. Jedenfalls konnte sie aussergerichtlich erfolgen, Mitwirkung der Obrigkeit war nicht erforderlich. Dagegen findet sich mehrmals der Demarch bei Pfändungen, wobei allerdings meistens Staatsschuldner in Frage stehen; seine Mitwirkung scheint aber auch bei Privatschulden vorgekommen zu sein[2]. Einmal werden auch *συνενεχυράζοντες*[3] des Demarchen erwähnt, Pfändungshelfer; das erinnert an den Grafen und die Rachimburgen der lex Salica[4]: der Graf leitet die Pfändung, die Rachimburgen schätzen die abgepfändeten Sachen. Der Gläubiger kann wählen zwischen dieser Form der gerichtlichen Pfändung und der aussergerichtlichen Pfändung; pfändet er mit dem Grafen und den Rachimburgen, so erlangt er sofort Eigentum an den abgepfändeten Sachen; die Rachimburgen sorgen dafür, dass er nicht zu viel erhält[5].

---

[1] S. o. pg. 100. Einen Verkauf der gepfändeten Sachen sieht auch das delische Pachtreglement vor (s. Homolle Bull. de corr. hell. XIV pg. 433); näheres darüber haben wir bis dahin noch nicht erfahren (Frist vor Verkauf? Öffentlichkeit? Hyperocha?)

[2] S. Meier-Schoemann-Lipsius II 965 Anm. 582 und Thalheim, Rechtsaltertümer pg. 115 Anm. 2.

[3] CIA II 578; was die an demselben Ort erwähnten *συναγοράζοντες* bedeuten, ist mir unklar.

[4] Vergl. zum folgenden: Brunner, deutsche Rechtsgeschichte II pg. 453—455; Schröder, deutsche Rechtsgeschichte (II. Aufl.) pg. 360, 361; Cohn, Justizverweigerung im altdeutschen Recht pg. 61 ff.

[5] Es ist zu betonen, dass von allen deutschen Volksrechten nur das fränkische und auch dieses nur für den im Text erwähnten Fall der gerichtlichen Pfändung sofortigen Eigentumsübergang auf den Gläubiger kennt. S. Schröder, deutsche Rechtsgeschichte II. Aufl. pg. 361.

Sollte die Pfändung mit dem Demarchen und den Pfändungshelfern etwas ähnliches bedeuten? Darf man vielleicht annehmen, dass auch im griechischen Recht aussergerichtliche und gerichtliche Pfändung neben einander vorkamen, dass der Gläubiger zwischen beiden Formen die Wahl hatte, und wenn er die gerichtliche wählte, sofort Eigentum an der abgepfändeten Sache erhielt, während im Falle aussergerichtlicher Pfändung einer der oben erwähnten Wege eingeschlagen wurde?[1]

Das sind Fragen, die die vergleichende Rechtsgeschichte nahe legt und die man deswegen umsoweniger kurzerhand abweisen darf, als sich auf dem Gebiete des Vertragspfandrechts so viele Berührungspunkte zwischen dem griechischen und altdeutschen Pfandrecht ergeben haben. Eine sichere Antwort lässt sich nicht geben, so lange weitere Quellen fehlen[2].

[1] Ich brauche wohl nicht ausdrücklich zu betonen, dass mir der Gedanke einer Entlehnung aus dem griechischen Recht ganz fern liegt; davon ist selbstverständlich keine Rede.

[2] Über die *δίκαι καρποῦ, ἐνοικίου, οὐσίας* s. u. pg. 140 Anm. 4.

Achtes Kapitel.

Die Rechte des Verpfänders.

A. Das gesetzte Pfand.

a) *Πρᾶσις ἐπὶ λύσει.*

Der Schuldner ist nicht mehr Eigentümer; die rechtliche Verfügung über die Sache ist ihm genommen; eine Veräusserung durch ihn ist ausgeschlossen; über Verpfändung s. u. pg. 121 ff.

Hat der Gläubiger dem Schuldner die Sache pachtweise überlassen, so entscheiden über das Verhältnis der Parteien (Art der Benutzung, Benutzungsdauer, Kündigung) die Bestimmungen des Pachtvertrags; bei Demosthenes g. Pantainetos erfolgt Aufhebung des Pachtverhältnisses und Besitzergreifung durch den Gläubiger, weil der Schuldner unpünktlich zinst und sonst seinen Verpflichtungen aus dem Pachtvertrag nicht nachkommt.

Zahlt der Schuldner innerhalb der Lösungsfrist, so soll er wieder Eigentümer werden. Dazu ist wohl überall Rückübertragung nötig: der Schuldner kauft die Sache zurück. Nachweisen lässt sich dies für Tenos; hier ist die *πρᾶσις ἐπὶ λύσει* wahrer Verkauf auf Wiederkauf. Der § 46 des Verkaufsregisters zeigt folgenden Fall: Phokos kauft von Athe-

---

[1] Demosth. l. c. 7 (968); 29, 30 (975.). Vgl. etwa die Bestimmungen des Pachtvertrages C. I. A. II 1055: *ἐὰν δὲ μὴ ἀποδιδῷ τὴν μίσθωσιν — ἀπιέναι ἐκ τοῦ ἐργαστηρίου μηδένα λόγον λέγοντα* und dazu den Ausdruck *ἀφεστηκότα* bei Demosth. l. c. 10 (969).

nades um 1400 Drachmen ein Haus, welches er früher an denselben Athenades verkauft hatte, als er von ihm ein Darlehn von 1400 Drachmen aufnahm (*ἀπέδωκε δανειζόμενος*). Hier liegt ein regelrechter Wiederverkauf vor; es ergibt sich auch, dass hier der Schuldner gerade soviel zurückzahlt, wie er selbst s. Z. empfangen hatte; der Gläubiger hatte an Stelle der Zinsen den Genuss des Grundstücks — sei es durch Selbstnutzung, sei es durch Verpachtung und Bezug eines Pachtzinses — gehabt, ohne dass weiter untersucht würde, ob dieser Genuss an Wert den Betrag der üblichen Zinsen erreicht hat, oder nicht; das Pfand ist ein unabniessendes. — Für das attische Recht nehmen Meier-Schoemann-Lipsius II pg. 703 ohne Begründung und ohne sicheren Anhalt in den Quellen[1] einen Wiederverkauf an und ich gebe zu, dass dies angesichts der ganzen Erzählung[2] bei Demosth. g. Pantainetos und der Inschrift von Tenos wahrscheinlich wird; jedenfalls liegt nichts für die andere — denkbare — Möglichkeit vor, dass der Schuldner durch Bezahlung ipso jure wieder Eigentümer wurde, der Gläubiger also nur unter dieser Resulutivbedingung Eigentümer geworden wäre.

Die Rückübertragung kann vom Schuldner erzwungen werden; eine besondere Klage scheint es hierfür nicht ge-

---

[1] Am ehesten liesse sich — abgesehen von Demosth. c. Pantainet. — noch verwerten Isai. über die Erbschaft des Philoktemon 33, 34; nach c. 34 sind im Betrag von rund 180 Minen Verkaufsgeschäfte (*ἐπράθη*) abgeschlossen worden; die in c. 33 einzeln, mit den Beträgen, genannt werden; darunter wird genannt: *οἰκίαν ἐν ἄστει τεττάρων καὶ τετταράκοντα μνῶν ὑποκειμένην ἀπέλυσε τῷ ἱεροφάντῃ.* Bezieht sich der Ausdruck *ἐπράθη* in c. 34 auch auf dieses Geschäft, so haben wir es hier zweifellos mit einem Wiederverkauf auf Grund einer *πρᾶσις ἐπὶ λύσει* zu thun. — Vgl. auch den Ausdruck *τιμὴν ἀποδόντα* bei Isaios über die Erbschaft des Dikaiogenes 21 i. f.

[2] Mit den Worten c. 30 (975) *ἡμεῖς ἑτέροις ἀπεδόμεθα, ἐφ' οἷσπερ αὐτοὶ ἐπριάμεθα . . κελεύοντος τούτου . . οὐδεὶς γὰρ ἤθελε δέχεσθαι τοῦτον πρατῆρα* scheint allerdings gesagt zu sein, dass normal gewesen wäre, wenn die Sprecher an Pantainetos zurück-, und dieser selbst dann weiterverkauft hätte.

geben zu haben, Meier-Schoemann-Lipsius nehmen an, es habe die allgemeine Klage συνθηκῶν παραβάσεως ausgereicht. Auf diese Klage war wohl der Schuldner auch dann beschränkt, wenn der Gläubiger das Objekt veräussert hatte oder wenn sonst die Unmöglichkeit der Rückgabe in unversehrtem Zustande eingetreten war; ob der Gläubiger dabei auch für casus haftete, lässt sich nicht ermitteln[1]; es lässt sich aber, wenigstens wenn den Gläubiger ein Verschulden an der Unmöglichkeit trifft, auch an eine δίκη βλάβης denken, da diese nicht nur im Fall aquilischen, sondern auch im Fall kontraktlichen Verschuldens gewährt wurde[2].

Der Anspruch des Schuldners auf Wiederverkauf ist nicht dinglich geartet, geht also nicht gegen den Dritten, an den der Gläubiger — widerrechtlich — die Sache veräussert hat; es gibt auch nach griechischem Recht kein jus retroemendi in re[3]; wenigstens lässt sich ein solches nicht nachweisen[4].

---

[1] Man denke an Deterioration und Untergang der Sache; dass der Gläubiger Schadenersatz zahlen musste, wenn er z. B. das auf Lösung verkaufte Haus hatte in Verfall geraten lassen, darf wohl auch ohne besonderen Nachweis aus den Quellen angenommen werden; man denke bei alledem an den Fall, wo dem Schuldner daran liegt, seine Sache zurückzuerhalten und er an den Gläubiger eine Sache verkauft hat, deren Wert den Betrag der Forderung weit übersteigt. — Für die Frage des Casus vgl. das unten bezügl. des Faustpfands gesagte.

[2] S. die Aufzählung der Fälle bei Meier-Schoemann-Lipsius II pg. 653 ff.

[3] Zur Behauptung eines solchen gelangt Szanto mit dem oben pg. 75 Anm. 1 angeführten Satz. Die Rede des Demosth. c. Pantain. steht mit dem im Text gesagten nicht im Widerspruch; dort hat Mnesikles im Auftrag des Pantainetos verkauft und letzterer direkt mit Euergos und dem Sprecher kontrahiert; hier kann allerdings der Schuldner Wiederverkauf von demjenigen verlangen, welcher vom Gläubiger gekauft hatte.

[4] Die Kategorie der Bedingung, mit der Franken, französisches Pfandrecht pg. 175 ff. operirt, um zu einer dinglichen Wirkung zu gelangen, versagt für das griechische Recht; der Gedanke der Bedingung wird nirgends verwendet.

b) Hypothek.

1. Der Schuldner bleibt Eigentümer; er behält Besitz und Genuss der Sache; der Gläubiger hat nur das Recht, bei Verfall auf die Sache zu greifen; der Schuldner „schuldet auf die Sache“[1], „die Sache ist verschuldet, belastet“[2]. Die Befugnisse des Eigentümers und des Pfandgläubigers collidiren. „Es tritt uns hier die Kehrseite des Pfandrechts entgegen, auf der sich dessen Formen scharf ausprägen und an der sich dessen Grenzen am deutlichsten abzeichnen“ (Dernburg, Pfandrecht II pg. 3).

Der Verpfänder darf die Sache gebrauchen und mit ihr nach seinem Ermessen wirtschaften; nur soll er nicht den Wert der Sache verringern und so die Sicherung des Gläubigers mindern oder gar illusorisch machen. Bezeichnend nennt das Notstandsgesetz von Ephesos den Schuldner *γεωργός*, den Gläubiger *τοκιστής*. Besondere Bestimmungen über die Verminderung der Sicherheit gelten bei dem Seedarlehn (s. u. pg. 114). Dereliction seitens des Schuldners berechtigt den Gläubiger zur Embateusis vor Verfall; dabei wird aber im Notstandsgesetz von Ephesos (§ 22) dem Schuldner ein Wiedereinlösungsrecht gewährt, wenn er dem Gläubiger alle Auslagen deckt und verzinst, und für die Verwendungen aufkommt.

Darf der Verpfänder das Pfandobjekt veräussern? Das griechische Recht verpönt eine Veräusserung ohne Einwilligung des Pfandgläubigers und erklärt sie nichtig. Die Tafel von Gortyn X 25 ff. bestimmt:

ἄντρο[π]ον μὲ ὀνε̃θα[ι] κατακείμενον, πρίν κ'αρτύσεται ὁ καταθένς — αἰ δέ τις τοῦτον τι Ϝέρκσαι μεδὲν ἐς κρέος ἔμεν, αἰ ἀποπονίοιεν δύο μαίτυρες.

2. Die Stelle erklärt sich am einfachsten, wenn man einen Verkauf durch den Verpfänder annimmt[3]; er soll, vor

[1] Vgl die Ausdrücke *δανείζειν ἐπί, ὀνοφείλεσθαι*.
[2] Vgl. z. B. *οὐσία ὑπόχρεως* Demosth. c. Timoth. 11 (1187).
[3] So auch Zitelmann, Kommentar pg. 177, 178.

er verkauft, ἀρτῦναι; was ist damit gemeint? Das Wort findet sich auch in der Tafel von Heraklea[1]; im Testament der Epikteta erscheint ein ἀρτυτήρ: Hesychios gibt dafür διατιθέναι und παρασκευάζεσθαι: das nächstliegende ist: in Ordnung bringen, sich mit ihm verständigen[2].

Ob anderwärts ein solcher Verkauf auch nichtig war, lässt sich nicht mit Bestimmtheit feststellen, doch wird man dies da annehmen dürfen, wo ein Verkauf ohne Zustimmung des Pfandgläubigers als unmöglich hingestellt wird und dies ist der Fall in Attika. Bei Demosth. g. Nikostratos kann Nikostratos sein Grundstück nicht verkaufen, weil sein Bruder, „dem auf das Grundstück geschuldet wird", einen Verkauf nicht zulässt[3]. Ein anderes Beispiel findet sich bei Isaios de Menecl. her.; Menekles hat Mündelvermögen gepachtet (μίσθωσις οἴκου. § 9) und soll — wohl weil der Mündel volljährig geworden — zurückzahlen (τὰ χρήματα ἀποδίδοσθαι. § 28); er will, um dies thun zu können, ein Grundstück verkaufen; der Gegner des Sprechers erhebt Einsprache und verbietet den Kaufliebhabern zu kaufen; Menekles muss den Teil seines Grundeigentums, auf den sich die Einsprache bezieht, unangetastet lassen, verkauft nur den unbestrittenen und löst soviel, dass er seine Schuld an den Mündel auszahlen und sich so frei machen kann; die Einsprache erfolgt wohl deswegen, weil der Teil, auf den sie sich bezieht, dem Mündel verpfändet war (ἀποτίμημα)[4]; dabei ist nur die Legi-

---

[1] Kaibel übersetzt dort mit pignori obligare, die Herausgeber des Recueil (s. pg. 203 Anm. 3) mit léguer par testament.

[2] So auch Zitelmann a. a. O.; in ähnlichem Zusammenhang erscheint in den Akten der königl. Bank von Theben ἀπαρτίζειν s. u. pg. 110 Anm. 3.

[3] Demosth. c. Nikostrat. 10 (1249): οὐδένα ἔφη — ὠνεῖσθαι — ὡς ἐνοφειλομένου αὐτῷ ἀργυρίου.

[4] Das geht wohl aus den Worten ἵνα κατόχιμον γένηται καὶ ἀναγκασθῇ τῷ ὀρφανῷ ἀποστῆναι hervor; der Gegner nimmt an, wenn Menekles nicht zahlen könne, verfalle das Pfand. Vgl. auch o. pg. 84 Anm. 2.

timation des Gegners zur Einsprache nicht ganz klar[1]. — Zu bemerken ist, dass sowohl bei Demosthenes als bei Isaios der Pfandgläubiger dem Kaufliebhaber direkt sein Verbot bekannt gibt[2]; man hat sich die Sache so zu denken, dass der Käufer die Belastung des Grundstücks durch den Horos erfährt und nun selbst bei dem durch den Horos bezeichneten Gläubiger anfrägt, ob er in den Verkauf einwillige. Unzulässigkeit des Verkaufs durch den Verpfänder bestimmt ausser den attischen Quellen und der Tafel von Gortyn ein Papyrus aus den Aktenstücken der königlichen Bank von Theben[3], wo dem Verpfänder verboten wird *θυριδώσειν*(?) *ἐπὶ βλάβῃ τῆς ὑποθή[κης] μηδ' ἄλλῳ τρόπῳ ἐξαλλοτριώ[σειν]*: leider sind die folgenden Worte, die sich mit den Wirkungen einer trotz des Verbotes erfolgten Veräusserung beschäftigen, nicht lesbar[4]. Wahrscheinlich ist Nichtigkeit angedroht und zugleich die Möglichkeit einer Ratihabition seitens des Gläubigers vorgesehen; vgl. die Worte *ἕως ἀπαρτίσῃ*. Nimmt man aber auch an, ein Verkauf ohne Zustimmung des Gläubigers sei nicht immer und nicht überall nichtig gewesen, so erwarb doch jedenfalls der Verkäufer in diesem Falle die Sache stets beschwert mit dem Pfandrecht. So erklärt es sich, wenn in

[1] Vielleicht war er selbst Vormund. Es ist m. E. nicht auffällig, dass die Einsprache vom Vormund ausgeht, die Zahlung aber an den Mündel erfolgt, man darf annehmen, dass der Verkaufsversuch noch vor und angesichts der bevorstehenden Beendigung der Vormundschaft erfolgte.

[2] Demosthenes l. c.: *οὐδένα ἐφῆ ὠνεῖσθαι*; Isaios l. c.: *ἀπηγόρευε τοῖς ὠνουμένοις μὴ ὠνεῖσθαι*.

[3] Wilken, in den Abhdlg. der Berliner Akademie 1886 pg. 20 (XI).

[4] Unklar ist mir, wie Dareste (nouv. rev. hist. 1877 pg. 172) über die Frage denkt; er sagt: le débiteur pouvait prévenir la catastrophe en vendant lui-même s'il trouvait un acquéreur et en délégant le prix aux créanciers hypothécaires. Soll das möglich sein ohne Einwilligung des Gläubigers? nach dem im Text gesagten kann davon gar keine Rede sein. — Auf die Zustimmung des Gläubigers und ihre Notwendigkeit beziehen sich m. E. auch die Worte Plutarchs de vit. aer. al. VIII: *τῶν χρεωστῶν οὐ πωλεῖ ἕκαστος — τὴν ἰδίαν οἰκίαν, ἀλλὰ τὴν τοῦ δανείσαντος, ὃν τῷ νόμῳ κύριον αὐτῶν πεποίηκεν*.

Verkaufsurkunden der Käufer sich zusichern lässt, dass auf dem Kaufsobjekt keine Pfandrechte lasten, dass es vielmehr *ἀνέπαφος* sei[1].

3. Ein Verkauf des Pfandobjekts ist möglich, wenn der Gläubiger zustimmt; das geht aus den vorhin angegebenen Stellen hervor und lässt sich durch Inschriften belegen.

Im Kaufregister von Tenos § 37 verkauft Pasiphon ein Grundstück, welches dem Philemon verpfändet ist (*πεπίμηται*) dem Ainesias; Philemon wirkt bei dem Verkauf mit als *πρατήρ*, ist also jedenfalls einverstanden. Mehrmals, in Delos[2], Amorgos[3], Tenos[4], erscheinen Ehefrauen, die zu Grundstücksverkäufen, die der Ehemann vornimmt, ihre Zustimmung geben; da es sich dabei jeweilen um Grundstücke des Ehemanns handelt, kann nicht Eigentum, sondern nur Pfandrecht der Frau in Frage stehen; die gebräuchlichen Wendungen sind *συγχωρεῖν*, *συνεπιχωρεῖν*, *συνεπαινεῖν*.

Welche Wirkung ist einer solchen Zustimmung beizulegen? Die Herausgeber des Recueil[5] nehmen für die zuletzt erwähnten Fälle ohne weiteres an, die Zustimmung bedeute Verzicht auf das Pfandrecht; aus dem Wortlaut kann dies nicht geschlossen werden, denn die Ausdrücke besagen an und für sich nichts anderes als: gestatten. Der richtige Sinn dieser Gestattungen kann m. E. aus einer schon früher (pg. 76) erwähnten Stelle des Kaufregisters von Tenos entnommen werden. Artymachos kauft (§ 44) ohne Mitwirkung seiner Ehefrau ein Grundstück zu benanntem Preise; zu demselben Preise verkauft er es an demselben Tag (§ 45) zurück an seine Verkäufer mit Zustimmung (*συγχωρούσης καὶ*

[1] S. z. B. Aeg. pap. 193 (Verkauf eines Sklaven): *ἀνέπαφον καὶ ἀνεν[ε]χύρα[στο]ν καὶ ἀνεπι[δάνει]στ[ο]ν κ[αὶ] καθ[αρὸν ἀπὸ] πα[ν]τὸς ὀφειλήματο[ς] δημο[σί]ου μέχρι νῦν.*

[2] S. Bull. de corr. hell. VI pg. 26 (213).

[3] Horos 64 und athen. Mitteilg. I pg. 346.

[4] S. hierüber Recueil I pg. 95 ff.

[5] I pg. 136: c'est un désistement, une renonciation pure et simple à l'hypothèque dotale; ähnlich pg. 97 oben.

συνεπαινούσης) seiner Ehefrau Manto: Es ist nun sehr unwahrscheinlich, dass in der kurzen Zeit, während welcher Artymachos Eigentümer des Grundstücks war, von ihm ein Spezialpfandrecht zu Gunsten der Ehefrau auf dasselbe gelegt worden ist. Es handelt sich vielmehr hier um eine Generalhypothek, wie sie auch sonst für Tenos erwiesen ist[1]; das Grundstück war, sobald es vom Ehemann erworben war, der Ehefrau verpfändet, er kann es nun nur noch mit ihrer Einwilligung veräussern, obwohl durch den Wiederverkauf nur der Zustand vor dem Kauf wiederhergestellt wird[2]. Handelt es sich wirklich um eine solche Generalhypothek, so würde ich nun allerdings nicht anstehen, in der Zustimmung ohne weiteres einen Verzicht zu sehen; die Frau verzichtet ja dann nicht überhaupt auf die Sicherung ihres Dotalanspruchs, sondern nur auf einen Teil derselben und gerade im Falle der Manto ergibt sich, dass sie am Abend genau so sicher gestellt ist wie am Morgen. Für die Annahme eines Verzichtes spricht auch der Umstand, dass bei Beschreibung des Kaufobjekts die dingliche Belastung nicht angegeben wird. Soviel lässt sich für die Gestattungen der Ehefrauen in Tenos nachweisen, man wird dasselbe auch für Delos und Amorgos annehmen dürfen: für Amorgos kann man sich zudem auf die Inschrift Athen. Mitteilg. I 346 berufen, wo die Ehefrau ihre Zustimmung zum Verkauf gibt und wiederum bei der Beschreibung[3] der Objekte von keinerlei Belastung die Rede ist.

[1] S. o. pg. 22, pg. 46.

[2] Ein Gegenstück dazu aus dem römischen Recht wäre etwa l 4 pr. D quib. mod. pign. solv. XX 6; ein Schuldner, cuius res pignori obligatae erant (Generalhypothek), hat einen Sklaven gekauft; dieser leidet an Mängeln; der Käufer erhebt die actio redhibitoria, der Kauf wird rückgängig gemacht, der Sklave gelangt an den ursprünglichen Eigentümer zurück. Das Pfandrecht des Gläubigers am Sklaven war entstanden und bleibt bestehen, nisi ex voluntate creditoris hoc (d. i. die Redhibition) factum est.

[3] In der angegebenen Inschrift „verkauft der Ehemann (ἀπέδοτο, also singularis) und die Ehefrau und ihr κύριος" Grundstücke, die dem Ehemann gehören (ἃ ἔχει Νικήρατος). Die mit dem einfachen καὶ bezeichnete Mitwirkung ist gewiss nichts anderes als das συγχωρεῖν in Tenos und Delos.

Anders verhält es sich mit dem anderen Fall des Registers von Tenos, mit dem Pfandrecht des Philemon. Der Wortlaut des § 37 — soweit er von Bedeutung für unsere Frage ist — ist folgender:

Αἰνήσιας — παρὰ Πασιφῶντος ἐπρίατο τὴν οἰκίαν — δραχμῶν ἀργυρίου ἑξακοσίων πεντήκοντα ᾗ τετίμηται Φιλήμονι· πρατῆρες Φιλήμων Πασιφίλου. Πασίφιλος Φιλήμονος ἐκ πόλεως.

Von den bisher erwähnten Fällen unterscheidet sich dieser Fall dadurch, dass hier bei der Bezeichnung des Kauf-Objekts das Pfandrecht ausdrücklich erwähnt wird und zwar in einer Weise, dass Fortdauer des Pfandrechts nach dem Verkauf anzunehmen ist[1]; der Käufer erwirbt „das verpfändete Haus", das Haus mit dem Pfandrecht. Dabei fällt auf, dass die Höhe der Forderung des Philemon nicht erwähnt wird, die dem Käufer doch unter allen Umständen bekannt gegeben werden musste. Die einfachste Erklärung ist wohl die, dass die Forderung des Philemon die Höhe des jetzt stipulirten Kaufpreises ausmacht[2], so dass der Käufer gar keinen Kaufpreis bezahlt, sondern an Stelle solcher Zahlung in modernem Sinn „die Hypothek übernimmt"; er wird Schuldner des Philemon und haftet für die Schuld mit dem Grundstück; er tritt in jeder Beziehung an die Stelle des Ainesias. Ich sage, das ist die einfachste Erklärung der Stelle, sie wird noch plausibler, wenn sich sonst nachweisen lässt, dass das griechische Recht eine Übernahme von Hypotheken auf den Kaufpreis (in partem pretii) kennt.

Das wird nun aber wahrscheinlich gemacht durch die Tempelrechnungen von Delos aus dem Jahr 279, wie sie bei

---

[1] Nur zur genauen Bezeichnung und Unterscheidung von anderen Häusern des Ainesias ist der Zusatz gewiss nicht gemacht; die Bezeichnung ist mit den im Text weggelassenen Worten *οἰκίαν ἐν ἄστει, ᾗ γείτονες κτλ* bereits in genügender und in der üblichen Weise erfolgt.

[2] Ein schwaches Argument kann man darin erblicken, dass die Worte *ᾗ τετίμηται* direkt an die Bestimmung der Höhe des Kaufpreises angeschlossen werden.

Homolle, Bulletin de corr. hell. XIV pg. 389 ff. abgedruckt sind. Unter den Einnahmen des Tempels figurieren unter dem Titel „οἵδε τόκους τεθήκασιν ἐπὶ τῆς ἡμετέρας ἀρχῆς" (l. c. pg. 391 ff.) Einträge nach folgender Formel:

Μνήσαλκος Τελεσαρχίδου ὑπὲρ τῶγ χωρίων τῶν ἐμ Πασσίρῳ, ἃ ἦν πρότερον Σωσιπόλιδ[ος] δραχμὰς κτλ. — Die nächstliegende Annahme ist die, dass Mnesalkos von Sosipolis die dem Tempel verpfändeten Grundstücke im Einverständnis mit dem Tempel gekauft hat; er ist so Hypothekarschuldner geworden und zahlt nun „für das Pfand".

Homolle[1] hat mehrere Erklärungen vorgeschlagen, von denen die zweite der meinigen am nächsten kommt; der Unterschied liegt darin, dass nach Homolle der Käufer „se trouve substitué aux obligations du vendeur dans le cas où il vient à y manquer", während m. E. nichts dafür vorliegt, dass der Käufer nur eventuell, d. h. wenn der Verkäufer nicht zahlt, haftet.

Die bisherigen Ausführungen lassen als wahrscheinlich erscheinen, dass nach griechischem Recht der Erwerber der Pfandsache auch in die persönliche Schuld des Veräusserers succedirt oder wenigstens succediren kann[2]; jedenfalls beweisen sie, dass der Gläubiger, der den Schuldner zum Verkauf ermächtigt, damit nicht notwendig auf das Pfandrecht verzichtet.[3]. —

4. Besondere Bestimmungen über den Verkauf der verpfändeten Sache gelten für das Seedarlehn, hier soll ja der Verpfänder die verpfändete Ladung verkaufen, es tritt

---

[1] A. a. O. pg. 451—453; die dritte Erklärung scheint mir dem Wortlaut nicht gerecht zu werden. — Auch Homolle fordert mit Recht Einwilligung des Gläubigers zum Verkauf. Bestimmt wird man sich über diese bis jetzt publizierten delischen Inschriften erst aussprechen können, wenn einmal alles publiziert sein wird.

[2] S. unten pg. 133 ff.

[3] Nach römischem Recht bedeutet die Einwilligung des Gläubigers im Zweifel Verzicht auf das Pfandrecht; er kann aber auch erklären, dass er einwillige salva causa pignoris s. z. B. l 4 § 1 D. quib. mod. pign. XX 6.

dann der Kauferlös an Stelle der Ladung (pretium succedit in locum rei); ist auf Hin- und Rückfahrt geliehen, so wird bestimmt, wie viel er wieder einladen soll. Zur Kontrollierung des Schuldners kann der Gläubiger die Reise mitmachen, oder am Bestimmungsort einen Geschäftsfreund mit der Ueberwachung beauftragen[1]. —

5. Bis jetzt war nur von Verkauf des Schuldners die Rede; dem Schuldner ist aber nicht nur dieser, sondern jede andere Verfügung über das Pfandobjekt untersagt; er soll nicht „συμβάλλειν τοῖς προκατεσχημένοις“[2]. Mit dem Ausdruck συμβάλλειν ist ausser dem Verkauf besonders die Nachverpfändung und die unentgeltliche Veräusserung gemeint.

Über die zweite Verpfändung s. u. pg. 121 ff.

Bezüglich der unentgeltlichen Veräusserung[3] kommt Horos 24 in Betracht. Naukrates hat seiner Frau Nikesarete für ihre Mitgift sein Haus verpfändet, in Vollziehung seines Testamentes weiht die Frau das Haus der Urania Aphrodite; der Mann verfügt also letztwillig über das Pfandobjekt; es wird dabei aber wohl anzunehmen sein, dass die Frau ihre Dos schon vor oder wenigstens durch das Testament zurückerhalten hat. Möglich ist, dass der Horos — der Wortlaut lässt dies zu — ursprünglich ein reiner Dotalhoros war, auf dem nun nach dem Tode des Ehemannes die Ehefrau die Worte καθιερωμένων — Κιηφισῶντι nachtragen lässt und so die neue Zweckbestimmung kund gibt. —

c) Faustpfand.

Während der Dauer der Verpfändung findet sich der Schuldner in der faktischen Unmöglichkeit, über die Sache

---

[1] S. Demosth. c. Phormio 8 (909), 26 (914). Besonders ausführlich handelt über das Seedarlehn Platner, Prozess II pg. 352 ff.

[2] So Bekker anecdota graeca 285; vgl. Demosth. c. Aphob. I 27 (822): δέον αὐτόν, εἴ τις ἄλλος ἐβούλετο εἰς ταῦτα συμβάλλειν, τοῦτον διακωλύειν κτλ; cf. C. I. A. II 1098.

[3] Eine Schenkung der Hyperocha will Szanto in Horos 10 erkennen Rhein. Mus. XL pg. 517; s. aber unten pg. 124 Anm. 3.

zu verfügen. Nach Bezahlung vor oder bei Verfall soll der Gläubiger die Sache herausgeben; der Schuldner löst (*λύεσθαι* — nicht *λύειν*)[1]. Weigert Gläubiger sich, das Pfand zurückzugeben, so geht gegen ihn die *δίκη παρακαταθήκης*.

Der Gläubiger besitzt während der Verpfändungsdauer eine fremde Sache; er soll sie so behandeln, dass er sie bei Verfall in unversehrtem Zustande herausgeben kann. Für dolose Deterioration oder Vernichtung hat er zweifellos einzustehen; auch für culpa wird er zu haften haben. Schwierig ist die Frage, wie bei casuellem Untergang zu entscheiden sei; dass der Gläubiger mit dem Pfandrecht die Forderung verliert — wenigstens wenn das Pfand Nutzpfand ist — wurde oben bemerkt; ob er aber in diesem Fall noch weiter haftet und — wie im Fall des dolus und der culpa — den Schaden ersetzen muss, der dem Schuldner aus der Nichteinlösbarkeit entsteht, bleibt eine offene Frage[2].

B. Das genommene Pfand.

Die Quellen lassen uns hier vollkommen im Stich; verschafft die Pfändung dem Gläubiger die Stellung eines Faustpfandgläubigers (s. o. pg. 101), so wird man umgekehrt auch dem Schuldner dieselben Rechte gewähren, wie im Fall des Faustpfandvertrages. Ist das Pfand Depositalpfand, so hat der Gläubiger aufzukommen, wenn durch sein Verschulden die Sache untergeht in der Zeit, während welcher er verpflichtet ist, die Sache zu hüten, d. i. bis zur gesetzlichen Lösungsfrist. — Nimmt man an, der Gläubiger müsse die genommenen Pfänder verkaufen, so hat der Schuldner Anspruch auf die Hyperocha s. o. pg. 102.

---

[1] Demosth. c. Polykl. 28 (1215); Lysias über das Vmg. des Aristophanes 25; *λύειν (ἀπολύειν)* wird vom Pfandgläubiger gebraucht; s. Isaios über die Erbschaft des Philoktemon 33 und dazu Schoemann Kommentar pg. 339, 340.

[2] Vgl. oben pg. 107.

Neuntes Capitel.

Mehrheit der Pfandrechte.

Es ist die gleichzeitige Verpfändung an mehrere zu scheiden von der Nachverpfändung.

A. Gleichzeitige Verpfändung an mehrere.

Dasselbe Objekt wird an mehrere Gläubiger verpfändet, so dass jeder Gläubiger weiss, dass neben ihm noch ein anderer Pfandrecht erwirbt. Das wird namentlich da vorkommen, wo die mehreren Gläubiger schon durch die Forderung verbunden sind. In diesem Falle ist jedem Gläubiger die ganze Sache verpfändet.

Das wichtigste Beispiel einer solchen Verpfändung bietet die Rede des Demosthenes g. Pantainetos und bezieht sich auf *πρᾶσις ἐπὶ λύσει*. Der Sprecher und Euergos machen dem Pantainetos ein Darlehn auf die Fabrik und dreissig Sklaven im Betrag von 105 Minen, wovon der Sprecher 45, Euergos 60 beisteuert; sie treten zunächst zusammen auf gegenüber Pantainetos sowohl im Kauf- als im Pachtvertrag[1]; in Abwesenheit des Sprechers hebt Euergos allein die Pacht auf und nimmt das Pfandobjekt in Besitz; der Sprecher kehrt zurück, die beiden Gläubiger verkaufen schliesslich zusammen und erhalten ihre Forderungen gedeckt. Dass das Zu-

---

[1] Demosth. c. Pantain. 4. 5 (967); das Nähere über den Rechtsfall s. o. pg. 2 ff., pg. 75 ff.

sammenwirken der mehreren Gläubiger ohne Rücksicht auf die Höhe der Forderungen das Normale ist, zeigen auch die Register von Tenos, wo die mehreren Gläubiger ohne Angabe der Forderungen neben einander als Verkäufer und Käufer aufgeführt werden, und die Rede des Demosthenes g. Apaturios, wo die beiden Gläubiger stetsfort sich auf dem Laufenden erhalten und gemeinsame Vorkehrungen treffen.

Bei Demosth. g. Pantainetos werden der Sprecher und Euergos durch die *πρᾶσις ἐπὶ λύσει* seitens des Pantainetos Miteigentümer pro rata ihrer Einlage (3:4), es darf auch ohne weiteres angenommen werden, dass von dem Pachtzins, den der Schuldner zahlt, 4/7 an Euergos, 3/7 an den Sprecher fallen. Die Kündigung erfolgt durch einen Gläubiger, Euergos, allein. Dieser war dazu berechtigt, denn der Sprecher wehrt sich nicht dagegen, sondern behauptet nur, er sei jetzt in eine missliche Lage *(εἰς ἄτοπον)* geraten. Es bieten sich für ihn zwei Möglichkeiten[1]. Entweder: er kann „mit Euergos den Betrieb der Fabrik und die Sorgen teilen", also die Handlung des Euergos genehmigen (ratihabieren), so dass alles so angesehen wird, wie wenn er mitgekündigt hätte. Oder: er kann „den Euergos an Stelle des Pantainetos als Schuldner annehmen, an ihn verpachten und mit ihm einen Vertrag abschliessen". Man wird sich das so zu denken haben, dass der Sprecher Miteigentümer bleibt, aber an Stelle des Schuldners — mit dem er den Pachtvertrag geschlossen — den Euergos als Pächter annimmt und nun von ihm den seiner Kapitalzahlung an den Schuldner entsprechenden Mietzins bezieht. Eine Veränderung in den Eigentumsverhältnissen geht nicht vor sich, es ist auch nicht von einem Verkauf zwischen beiden Gläubigern die Rede. Es handelt sich

---

[1] Demosth. c. Pantain. 10 (969): *ἢ γὰρ κοινωνεῖν ἔδει τῆς ἐργασίας καὶ τῶν ἐπιμελειῶν τῷ Εὐέργῳ, ἢ χρήστην ἀντὶ τούτου τὸν Εὔεργον ἔχειν, καὶ πρὸς ἐκεῖνον πάλιν μίσθωσιν γράφειν καὶ συμβόλαιον ποιεῖσθαι.*

um Ordnung der Verhältnisse zwischen mehreren Gläubigern vor Verfall[1].

Erfolgt innert der Lösungsfrist keine Zahlung, so wird pro rata der Forderungen geteilt; die Gläubiger können zweifellos auch in der Weise teilen, dass der eine allein das Pfandobjekt erhält und den anderen in anderer Weise befriedigt.

Wie, wenn der Schuldner den einen der mehreren Gläubiger auszahlte, den andern nicht? Dann wird anzunehmen sein, dass der zweite Alleineigentümer wird, denn für ihn ist die Voraussetzung der Eigentumsaufhebung noch nicht eingetreten.

Gleichzeitige πρᾶσις ἐπὶ λύσει liegt wohl in dem Horos 50 vor; da der erste Verkauf dem Käufer das Eigentum benimmt, lässt sich ein späterer bezüglich derselben Sache nicht denken.

Daneben findet sich nun mehrmals[2] auch Hypothek für mehrere Pfandgläubiger in einer Weise erwähnt, dass Gleichzeitigkeit der Errichtung anzunehmen ist; die Fälle, die mit Sicherheit (s. Anm. 2) hieher zu beziehen sind, betreffen das Seedarlehn.

Bei Demosth. g. Lakritos erscheinen zwei Gläubiger (An-

---

[1] Szanto, Wiener-Studien IX pg. 295 nimmt „Fiction eines Scheinkaufes" zwischen Euergos und dem Sprecher an, so dass der Verkäufer „Eigentum und Zinsgenuss" behält, aber „den Besitz" auf den Käufer überträgt. Ich halte diese Konstruktion für unmöglich. — Von einem Verkauf ist überhaupt gar nicht die Rede; wäre ein solcher anzunehmen, so würde ich an einen wahren Verkauf in Ausübung einer Art von jus offerendi denken. Da es sich dabei um einen Verkauf unter den Gläubigern handeln würde, käme man zur Not über die Bedenken hinweg, die sich sonst der Annahme eines Verkaufsrechts des Gläubigers vor Verfall (s. o. pg. 75 ff.) entgegenstellen.

[2] Ausser den im Text erwähnten Fällen denke ich an folgende Stellen: Demosth. c. Phainipp. 28 (1047) und c. Polykl. 13 (1210), 28 (1215). Es ist aber möglich, dass in beiden Fällen πρᾶσις ἐπὶ λύσει vorliegt. — Gegen die Annahme mehrerer Hypotheken gleichen Ranges Szanto, Wiener-Studien IX pg. 289.

drokles und Nausikrates), die zusammen 3000 Drachmen als Darlehn hingeben; bei Verfall dürfen die Gläubiger (*οἱ δανείσαντες*) die Pfänder verkaufen; wird dabei weniger gelöst, als die Gläubiger zu fordern haben, so steht ihnen das Pfändungsrecht am ganzen Vermögen des Schuldners zu: *καὶ ἑνὶ ἑκατέρῳ τῶν δανεισάντων καὶ ἀμφοτέροις*. l. c. 12 (927). Das Verhältnis, in welchem die Gläubiger an den 3000 Drachmen partizipieren, ist nicht genannt. Die beiden Gläubiger sind Correalgläubiger, jedem von beiden steht bei Verfall die Embateusis und Verwertung des Pfandes zu; wird dabei die Forderung gedeckt, so ist der Schuldner frei[1], auch wenn nur ein Gläubiger thätig geworden ist; wird zu wenig gelöst, so hat im Betrag der Differenz jeder der Gläubiger das Pfändungsrecht, aber immer wieder nur so, dass die Leistung an einen Gläubiger den Schuldner befreit. Die Auseinandersetzung zwischen den Gläubigern erfolgt dann nach Massgabe des zwischen ihnen abgeschlossenen Gesellschaftsvertrags.

Nicht ganz klar liegt der Fall bei Demosthenes g. Dionysiodor. Dionysiodor und Parmeniskos nehmen ein Seedarlehn auf von Pamphilos und dem Sprecher; im Schuldvertrag wird als Gläubiger nur Pamphilos genannt, während der Sprecher *ἔξωθεν μετέχει τοῦ δανείσματος*[2]; dabei wird aber doch von *ναῦς ἡμῖν ὑποκειμένη* u. s. w. gesprochen. Jedenfalls ist die Mitwirkung des Sprechers dem Schuldner nicht unbekannt; doch war wohl die Meinung der Parteien bei Vertragsabschluss die, dass — anders als im vorigen Falle — nur der eine der beiden Gläubiger, Pamphilos, — aber für den vollen Betrag — zu Embateusis, Verwertung und eventuell Pfändung für den Fehlbetrag berechtigt sein sollte, wogegen der andere, der Sprecher, lediglich auf seine Klage

[1] Es ist in diesem Fall soviel gelöst, als den Gläubigern geschuldet wird (*ὃ δεῖ γενέσθαι τοῖς δανείσασι κατὰ τὴν συγγραφήν*).

[2] Demosth. l. c. 6 (1284).

[3] Demosth. l. c. 4 (1283).

aus der Societät (*κοινωνία*) beschränkt blieb[1]: gegenüber dem Schuldner wird der Sprecher als *ἔξω τοῦ δανείσματος* behandelt. Jedenfalls kann gegen diese Annahme nicht angeführt werden, dass der Sprecher im Prozess gegen Dionysiodor auftritt, umso weniger als Pamphilos auch vertreten zu sein scheint[2].

Vielleicht gehören hieher auch die beiden Horoi 65a und b (s. o. pg. 68), sofern sie wenigstens überhaupt aus derselben Zeit stammen; bringen sie wirklich nebeneinander bestehende Pfandrechte zur Kenntnis, so muss, da jede Datierung fehlt, wohl Gleichzeitigkeit der Errichtung und gleicher Rang angenommen werden.

B. Nachverpfändung.

Die Sache ist bereits mit einem Pfandrecht beschwert; der Eigentümer belastet sie mit einem zweiten zu Gunsten eines zweiten Gläubigers. Der technische Ausdruck hiefür ist *ἐπιδανείζεσθαι*.

a. Zulässigkeit der Nachverpfändung.

Bei Demosth. g. Nikostratos 10 (1249) erzählt der Sprecher, er habe sein Grundstück nicht verpfänden können, weil er es bereits an seinen Bruder verpfändet hatte und dieser seine Einwilligung zu weiterer Verpfändung versagte. Die Notwendigkeit der Einwilligung hat ihren guten Sinn. Der erste Gläubiger verzichtet auf die Hyperocha und lässt auf diese den zweiten Gläubiger zu, während er sonst bei Nichtzahlung das ganze Pfand erhielte. — An der Einholung der Einwilligung des ersten Pfandgläubigers ist der zweite interessiert, der die Existenz des ersten Pfandrechts aus dem Horos erkennt; bei Mobilien, denen man bereits bestehende Belastungen nicht ansieht, lässt man sich ausdrücklich garan-

[1] Dagegen findet sich in diesem Falle Solidarhaftung auf der Schuldnerseite: *πρᾶξιν εἶναι καὶ ἐξ ἑνὸς καὶ ἐξ ἀμφοῖν* 45 (1296).

[2] Auf die Rede des Sprechers folgt eine zweite; das ist wohl die des Pamphilos 50 (1298).

tieren, dass sie weder jetzt schon an dritte verpfändet seien, noch nachträglich verpfändet werden[1].

Fehlt die Zustimmung des ersten Pfandgläubigers, so ist die zweite Verpfändung nichtig; so wird in der Tafel von Gortyn — wie oben (pg. 108) für den Verkauf — bei Strafe der Nichtigkeit verboten, sich einen verpfändeten Sklaven verpfänden zu lassen[2] und auch aus den demosthenischen Reden wird man kaum etwas anderes erschliessen können; die strenge Ahndung, von der Demosth. c. Phorm. 50 (922) erzählt, spricht entschieden für Nichtigkeit[3].

In Ephesos scheint im ersten Jahrhundert v. Chr. die Verpfändung der Hyperocha durchaus üblich zu sein (Notstandsgesetz § 10); es finden sich auch dritte und weitere Hypotheken. Dabei ist von einer Einwilligung des ersten Pfandgläubigers nirgends die Rede[4]; damit ist nicht gesagt, dass sie nicht nötig war. Die Entwicklung war wohl die: es kamen Beredungen vor, die den Gläubiger von Anfang an auf den seiner Forderung entsprechenden Wert des Pfandes beschränkten derart, dass dem Schuldner von Anfang an gestattet wurde, die Hyperocha zu verpfänden; angesichts einer solchen Beredung brauchte dann der Schuldner bei der einzelnen Nachverpfändung nicht erst noch die Erlaubnis des Gläubigers einzuholen. — Das Bedürfnis sol-

---

[1] Die Notwendigkeit der Einwilligung des ersten Pfandgläubigers geht auch aus Demosth. c. Aphob. I 27 (822) hervor, Aphobos hätte dem Moiriades die Einwilligung zur Nachverpfändung versagen sollen.

[2] X 25 ff. und dazu, wie oben, Zitelmann Kommentar pag. 177. 178.

[3] Keinenfalls ist in der genannten Rede zugegeben, dass der Sprecher wegen des λάθρα ἐπιδανείζεσθαι 6 (908) des Gegners an und für sich Schaden erleide; es ist im Moment der Kontrahierung der späteren Schulden noch gar kein Pfandobjekt für den ersten Gläubiger ausgeschieden und auf das Schiff geladen.

[4] Auch die früher erwähnte Inschrift von Knidos (bull. de corr. hell. IV 341 ff.) spricht von zweiter Hypothek ohne Erwähnung der Einwilligung des ersten Pfandgläubigers; es wird aber dort noch nicht verpfändet, sondern nur Verpfändung in Aussicht gestellt.

cher Abmachungen musste sich vor allem bei der Verpfändung von Immobilien zeigen; hier bot das alte Recht zwei Möglichkeiten. Entweder: der Schuldner verpfändete auch bei kleinem Forderungsbetrag sein ganzes Grundeigentum oder einen grossen Teil desselben, dann riskierte er, bei Verfall alles zu verlieren; oder: er parzellierte sein Grundeigentum und überwies dem Gläubiger als Sicherung nur einen Teil, der der Forderung entsprach, dann war der Gläubiger schlecht gestellt, der die Bewirtschaftung einer solchen Parzelle übernebmen musste und dabei regelmässig mehr Beschwerden als Gewinn haben mochte. So kam man zu Beredungen, die dem Schuldner ermöglichten, auf ein und dasselbe Objekt, ohne dieses zu zerreissen[1] mehrere Pfandrechte zu legen. Diese Beredungen werden mit der Zeit häufiger geworden sein; war nichts ausgemacht, so blieb es aber dabei, dass der Gläubiger, wenn bei Verfall nicht gezahlt wird, definitiv das ganze Pfand erhält.

Von den Horoi gehören zwei hieher:

Horos 10: *ὅρος χωρίου προικὸς Ἱπποκλείᾳ Δημάρχους Λευκονοιῶς Τ. ὅσῳ πλείονος ἄξιον. Κεκροπίδαις ὑπόκειται καὶ Λυκομίδαις καὶ Φλυεῦσιν.*

Horos 50: *ὅρος χωρίου καὶ οἰκίας πεπραμένου ἐπὶ λύσει Ἱερομνήμονι Ἁλαεῖ Γ'' κατὰ τὰς συνθήκας τὰς παρὰ Λυσιστράτῳ κειμένας καὶ δεκαδισταῖς ΗΔΔΔ καὶ ἀποτίμημα Ἐρανισταῖς τοῖς μετὰ Θεοπείθους Ἰκαριῶς.*

Wahrscheinlich liegen hier Nachhypotheken vor; denkbar ist zwar auch Gleichzeitigkeit der Errichtung, wobei dann aber ausdrücklich einem Pfandrecht zweiter Rang zugewiesen worden wäre; aber die andere Annahme liegt näher, es wäre dann auf dem bereits vorhandenen Horos das neue Pfandrecht nachgetragen oder ein neuer sämtliche Pfandrechte kundgebender Horos errichtet wor-

[1] Vergl. dazu oben pg. 90 Anm. 3.

den[1]; in jedem Fall ist Einwilligung des ersten Pfandgläubigers als vorhanden anzunehmen.

Der erste Horos macht bezüglich der einzelnen Pfandrechte und des Verhältnisses derselben keine Schwierigkeiten[3]. Im zweiten Horos stehen die beiden Gläubiger, denen ἐπὶ λύσει verkauft ist, im gleichen Rang; das hinzukommende, zweifellos vom Schuldner bestellte, ἀποτίμημα kann wohl nur eventuell, wenn der Schuldner durch Lösung zurückerwirbt, zur Wirkung kommen, gegenüber den ersten Gläubigern aber höchstens in Form des jus offerendi (s. u. pg. 126) geltend gemacht werden[2].

Auffallend ist, dass an beiden Orten der Betrag der zweiten Forderung nicht angegeben ist. Die Erklärung des Herausgeber des Recueil I pg. 131. 132, der Betrag der Forderungen sei nicht angegeben „parcequ'elles portent sur le surplus" ist offensichtlich ungenügend; vielleicht konnte der Betrag nicht angegeben werden, weil er noch nicht feststand, wie dies ja auch bei anderen Horoi vorkommt[4]; denkbar wäre auch, dass es sich nur um Reservepfandrechte handelte für Forderungen, für die dem Gläubiger bereits ein

---

[1] An und für sich ist auch denkbar, dass für ein später errichtetes Pfandrecht ein neuer Horos neben dem bisherigen errichtet wird.

[2] Wahrscheinlich liegt derselbe Fall vor bei Demosthenes c. Pantainetus; P. hatte an Mnesikles ἐπὶ λύσει verkauft und nachher noch Hypothek auf die Sache gelegt; Mnesikles verkauft an Euergos und den Sprecher; die Hypothekargläubiger wollen nun diesen gegenüber ihr jus offerendi geltend machen 12 (969). Mnesikles hatte aber seine Zustimmung zu einer Nachverpfändung, wie es scheint, nicht gegeben und hält daher das Vorgehen der Pfandgläubiger für aussichtslos 11, 12 (969).

[3] S. die Erklärung im Recueil I pg. 130. 131. Die Erklärung von Szanto, Rhein. Mus. XL pg. 517, halte ich für unrichtig; es ist m. E. eine sehr gezwungene Annahme, auf einem Horos unter ὑποκεῖσθαι etwas anderes zu verstehen als „verpfändet sein"; zuzugeben ist, dass letztwillige Verfügungen, wie sie sich Szanto l. c. denkt, vorkamen, vergl. Horos 24 und die Erklärung oben pg. 115.

[4] Vergl. z. B. die ἀποτιμήματα 6–8.

anderes Objekt in erster Hypothek angewiesen war; er lässt sich für den Fall, dass das erste Pfand nicht zur vollen Befriedigung führt, für den jetzt in Existenz und Grösse noch nicht feststehenden Fehlbetrag auf ein anderes Objekt ein zweites Pfandrecht errichten[1].

b. Die Stellung des zweiten Pfandgläubigers.

Der nachstehende Pfandgläubiger gelangt zur Befriedigung *κομισαμένων οἷς πρότερον ὑπετέθησαν*[2] (scil. die Pfänder), wenn der erste Pfandgläubiger weggenommen hat und so befriedigt ist[3]; er erhält *τὰ ὑπερέχοντα*, die Hyperocha oder *ὅσῳ πλείονος ἄξιον* scil. als der Betrag der Forderung des ersten Pfandgläubigers. In Ephesos wird dem Nachhypothekar ausdrücklich die Hyperocha verpfändet[4], nicht etwa die Sache, soweit eine Hyperocha resultieren wird. Die Hyperocha wird in der Regel ausgemittelt werden durch Verkauf; denkbar ist aber auch eine Schätzung, eine solche ist in den Ausnahmebestimmungen des Gesetzes von Ephesos vorgesehen: nachdem dem ersten Gläubiger ein seiner Forderung entsprechender Teil des Grundstücks zugewiesen worden ist (s. o. pg. 90), erhält der zweite Gläubiger einen seiner Forderung entsprechenden Teil, soweit noch etwas

---

[1] Man vergleiche zu dieser Annahme den von Paulus in l. 6 D. de naut. foen. XXII 2 besprochenen Rechtsfall: *foenerator pecuniam usuris maritimis mutuam dando quasdam merces in nave pignori accepit; ex quibus si non potuisset totum debitum exsolvi, aliarum mercium aliis navibus impositarum propriisque foeneratoribus obligatarum, si quid superfuisset, pignori accepit.*

[2] So in der Inschrift von Knidos Bull. de corr. hell. IV pg. 341 ff.

[3] Zu *κομίζεσθαι* vergl. Demosth. c. Pant. 12 (970) 16 (971).

[4] *δανείζεσθαι ἐπὶ τοῖς ὑπερέχουσι* im Gesetz von Ephesos § 10; vergl. dazu die Wendung hyperocham obligare bei Tryphonin in l. 20 D. de pign. XX 1. — Der Gedanke, dass dem nachstehenden Pfandgläubiger nur die Hyperocha verpfändet werde, ist auch in anderen Rechten der Ausgangspunkt für die Entwicklung der Nachhypothek gewesen s. z. B. Dernburg, Pfandrecht II pg. 479 ff. und Stobbe, Handbuch des deutschen Privatrechts II pg. 307 ff.

vorhanden ist u. s. w. Ein Recht, Embateusis vorzunehmen, stand dem zweiten Gläubiger gewiss nicht zu, es kann erst dann in Frage kommen, wenn der erste Pfandgläubiger von ihm (jus offerendi) oder vom Schuldner befriedigt worden ist; ist dies nicht geschehen, so hat nur der erste Pfandgläubiger das Recht der Embateusis; dem zweiten ist eben nur die Hyperocha verpfändet.

Das jus offerendi ist dem griechischen Recht bekannt; im Gesetz von Ephesos wird dem zweiten Gläubiger, dem der Schuldner die Existenz des ersten Pfandrechts verschwieg, das Recht gegeben, das ganze Pfand an sich zu ziehen (*ἔχειν τὰ κτήματα*), wenn er den vorstehenden Pfandgläubiger befriedigt; kommt er jetzt noch zu kurz, so kann er durch Pändung auf das übrige Vermögen des Schuldners greifen; man darf daraus folgern, dass das jus offerendi bekannt war und in normalen Zeiten dem creditor posterior wohl ohne weiteres zustand[1]; technischer Ausdruck für die Befriedigung des prior creditor durch Oblation seitens des posterior ist *ἐξαλλάττειν*[2]. Auch in der Rede des Demosth. g. Pantainetos behaupten die nichtgenannten Gläubiger, die auf dieselben Objekte, wie Euergos und der Sprecher, Geld geliehen haben wollen[3]: der Wert des Pfandes übersteige den Betrag der Forderung der besitzenden Pfandgläubiger, diese sollen entweder sich von den nicht besitzenden bezahlen lassen und vom Pfande abstehen, oder das Pfand behalten und die nichtbesitzenden befriedigen[4]. Allerdings geht hier aus den Worten des Demosthenes nicht sicher

---

[1] Dies nehmen auch die Herausgeber des Recueil I pg. VI an.

[2] So das Gesetz von Ephesos l. c.; vergl. *ἀπαλλάττειν* bei Demosth. c. Apatur. 9 (895).

[3] L. c. 12 (969) ff., vergl. 7 (968).

[4] *ἢ κομίσασθαι πάντα τὰ χρήματα παρ' αὐτῶν καὶ ἀπελθεῖν, ἢ διαλῦσαι σφᾶς ὑπὲρ ὧν ἐνεκάλουν, αἰτιώμενοι πολλῷ πλείονος ἄξια ἔχειν ὧν ἐδεδώκειμεν χρημάτων* l. c. 12 (970).

hervor, wann diese Gläubiger Pfandrechte erworben haben wollen und welcher Art diese waren. Vergl. oben pg. 124 Anm. 2.

War das vorgehende Pfandrecht eine πρᾶσις ἐπὶ λύσει, so reduzierte sich bis zur Remancipation an den Schuldner das Recht des nachstehenden auf das jus offerendi und in praxi wird auch in den anderen Fällen dies Recht seine Hauptbefugnis gewesen sein, da der vorstehende Gläubiger nicht zur Geltendmachung seines Pfandrechts gezwungen werden kann: *omnino secundus creditor nihil aliud juris habet, nisi ut solvat priori et in locum eius succedat*[1]. Von dem jus succedendi ist zwar nirgends die Rede, doch darf ein solches wohl unbedenklich angenommen werden; dem Gläubiger, der den vorstehenden abfindet, wird für die Abfindungssumme die Sache verpfändet, so dass er nun auf die Sache seine ursprüngliche Forderung und die Abfindungssumme (ursprüngliche Forderung des prior) zu gut hat. Das jus offerendi stand dem posterior wohl ohne besondere Einräumung zu[2]. Der prior kann die Oblation des posterior dadurch abwenden, dass er ihm Bezahlung seiner (des posterior) Forderung anbietet (jus offerendi des prior creditor)[3].

Bezüglich des Nachrückens des zweiten Pfandgläubigers bei Befriedigung des ersten durch den Schuldner fehlt es an Quellenbeweisen. Wo dem zweiten von Anfang an die

---

[1] Marcian in l. 12 § 9 D. qui pot. XX 4. Vergl. hiezu und zu dem folgenden auch Dernburg, Pfandrecht II pg. 518 ff. — Vielleicht steht damit die Verweisung auf die συνθῆκαι des vorstehenden Pfandgläubigers auf Horos 50 im Zusammenhang; der nachstehende muss wissen, wie die Befriedigung des vorstehenden erfolgen kann und bis wann sie erfolgen muss.

[2] Bei Demosth. g. Pantainetos behaupten die Gläubiger, die das jus offerendi geltend machen, keine besondere vertragliche Einräumung, sondern betrachten das jus offerendi als selbstverständlich.

[3] So sind wohl die Worte ἢ διαλῦσαι σφᾶς κτλ der auf pg. 126 Anm. 4 zitierten Stelle zu deuten; allerdings bleibt auch hier das Resultat unsicher, da nähere Mitteilungen über die Rechtsstellung jener δεδανεικότες fehlen.

Hyperocha verpfändet ist (nicht die ganze Sache), ist das Nachrücken bei Wegfall des ersten zum mindesten nicht selbstverständlich; jedenfalls durfte der Gläubiger dem Dritten, der ihm zur Bezahlung des prior die Mittel hergab, für diesen nämlichen Betrag die Sache so verpfänden, dass dieser an die Stelle des befriedigten prior trat, der posterior also nicht nachrückte. Das scheint mir aus den verschiedenen Operationen bei Demosthenes g. Pantainetos hervorzugehen. Abgesehen von diesem Fall (hypothekarische Succession!) konnte wohl vertraglich ausgemacht werden, dass bei Wegfall der Forderung des vorstehenden Pfandgläubigers dem nachstehenden die ganze Sache verpfändet sein solle (nicht mehr nur die Hyperocha)[1]; wo aber eine solche Verabredung nicht getroffen war, da blieb es wohl bei der Beschränkung auf die Hyperocha und der Schuldner war berechtigt, die Sache in der Höhe der Forderung des befriedigten Gläubigers von neuem zu belasten. Das alles lässt sich freilich nicht beweisen, folgt aber m. E. aus der Idee, dass dem Nachhypothekar nur die Hyperocha verpfändet sei.

Es kommt vor, dass sich der Gläubiger vom Schuldner die Abwesenheit von Vorbelastungen und die Unterlassung einer Nachverpfändung ausdrücklich zusichern lässt[2]; technischer Ausdruck für „frei von Pfandrechten" ist *ἀνέπαφος*[3], für nachverpfänden: *ἐπιδανείζεσθαι*[4]. Auch die Klausel des XI „Aktenstücks aus der königlichen Bank von Theben" „*εἶναι ἐμὰ καὶ μὴ ὑποκεῖσθαι πρὸς ἕτερα. ἀλλ' εἶναι καθαρὰ ἀπὸ*

---

[1] Die Formel hätte dann ungefähr so zu lauten wie bei Gaius (libro singulari ad formulam hypothecariam) in l. 15 § 2 D. de pign. XX 1: res obligata in id quod excedit priorem obligationem, ut sit pignori hypothecaeve id quod pluris est, aut solidum, cum primo debito liberata res fuerit.

[2] Vergl. z. B. die Lakritosurkunde 11 (926): *ὑποτιθέασι δὲ ταῦτα, οὐκ ὀφείλοντες ἐπὶ τούτοις ἄλλῳ οὐδενὶ οὐδὲν ἀργύριον οὐδ' ἐπιδανείσονται.*

[3] Vergl. z. B. den Volksbeschluss der Delphier Bull. de corr. hell. V pg. 163: *ἔστωσαν δὲ τὰ ἐνέχυρα ἀξιοχρέονα καὶ ἀνέφαπτα.*

[4] Bekker, anecd. graec. 259; möglicherweise ist unter *ἐπιθήκη* des ersten Gesetzes von Ephesos eine zweite Hypothek zu verstehen.

πάντων κι[νδύνων] wird hieher gehören[1]. Über die Bestrafung, die das Gesetz von Ephesos vorsieht für den Fall des dolosen Verschweigens bereits errichteter Pfandrechte s. o. pg. 126. Für die erste Hypothek findet sich der Ausdruck προϋποκεῖσθαι[2], für die spätere μεθυποτίθεσθαι[3].

[1] Wilken (Abhandlg. der Berliner Akademie 1886), pg. 65, will darin hervorgehoben finden, dass der Schuldner nur für den angegebenen Betrag von 10 Talenten hafte; aber ὑποκεῖσθαι πρὸς ἕτερα ist gewiss auf das Objekt, nicht auf den Schuldner zu beziehen; leider sind die zunächst folgenden Worte unlesbar.

[2] Inschrift von Knidos, bull. de corr. hell. IV pg. 341 ff.; ausserdem steht der Ausdruck in einer verstümmelten Inschrift von Mylasa Athen. Mitteilg. Bd. XIV pg. 108.

[3] Diesen Ausdruck finde ich allerdings nur in einem von Wessely in den Wiener Studien Bd. VII pg. 131 publizierten Papyrus (Darlehnsurkunde der Aurelia Johanna).

Zehntes Capitel.

Pfandrecht und Forderung.

1. Im römischen und modernen Recht steht das Pfand als accessorium neben der persönlichen Verbindlichkeit und erfüllt den Zweck der Sicherung; im grossen und ganzen kann man sagen: das Schicksal des Pfandrechts ist abhängig vom Schicksal der Forderung, das Schicksal der Forderung nicht abhängig vom Schicksal des Pfandrechts. Wenn das Pfand — und damit das Pfandrecht — während der Verpfändungsdauer untergeht, bleibt die Forderung (als ungedeckte) bestehen; wenn der Gläubiger das Pfandrecht geltend macht und dabei nicht zur vollen Befriedigung gelangt, kann er immer noch die persönliche Forderung geltend machen; umgekehrt soll er, was er durch Realisierung des Pfandrechts über den Forderungsbetrag hinaus erhält, dem Schuldner zurückgeben.

Anders nach griechischem Recht.

Bei dem Verkauf auf Lösung fallen Forderung und Pfandrecht zusammen; der „Gläubiger" wird gar nicht Gläubiger, er erhält vielmehr sofort eine provisorische Befriedigung, eine vom Schuldner noch auslösbare Ersatzleistung; e r kann keine Forderung geltend machen, nur der Schuldner hat das Recht, durch Zahlung auszulösen. Diese Möglichkeit der Zahlung sowie Anlass und Zweck des Geschäftes bringen es mit sich, dass der Schuldner bald als Verkäufer, bald als Schuldner (*χρήστης*[1], *δανεισάμενος*) bezeichnet wird;

---

[1] Demosth. c. Pantain. 10 (969).

im Register von Tenos heisst es vom Gläubiger ἐπρίατο κατὰ δάνειον (§ 30), vom Schuldner ἀπέδωκε δανειζόμενος (§ 46).

Aber auch Faustpfand und Hypothek sind anders, als im römischen Recht, geartet. Der dem Verkauf auf Lösung zu Grunde liegende Gedanke tritt auch hier wieder hervor; es hat sich oben ergeben, dass bei Realisierung des Pfandrechts der Gläubiger keineswegs ohne weiteres noch auf Grund der persönlichen Forderung vorgehen kann, es ist dafür eine besondere Beredung nötig; ebensowenig hat der Schuldner Anspruch auf die Hyperocha; für das Faustpfand, — wenigstens so weit es Nutzpfand ist — liess sich nachweisen, dass der Untergang des Pfandes auch den Untergang der Forderung herbeiführt. — Es ergibt sich in diesen Punkten ein intimeres Verhältnis von Forderung und Pfandrecht, als im römischen Recht; der zu Grunde liegende Gedanke ist m. E. immer derselbe: das Pfand ist eventuelle Ersatzleistung, die der Gläubiger jetzt schon (πρᾶσις ἐπὶ λύσει, Faustpfand) oder erst bei Fälligkeit der Forderung erhält; im ersteren Falle kann sie der Schuldner bis zur Fälligkeit der Forderung auslösen. Mit dieser Ersatzleistung haben sich Gläubiger und Schuldner einverstanden erklärt, keiner von beiden kann sich beklagen, wenn sie im Resultat dem Gläubiger zu viel oder zu wenig gewährt.

Damit hängt zusammen die Evictionshaftung auf dem Gebiete des Pfandrechts. Geht die provisorische Ersatzleistung bei dem Gläubiger unter, so trifft ihn die Gefahr; das sollte auch für den Fall gelten, wo ihm die Leistung entwehrt wird vom wahren Eigentümer, wenn der Schuldner nicht Eigentümer war. Das soll aber nicht sein; in einem solchen Fall lebt die persönliche Forderung des Gläubigers, die durch das Pfand lahmgelegt war, wieder auf und verwandelt sich in einen Evictionsanspruch, dabei verdoppelt sie sich nach dem Recht von Gortyn[1]. Für die

[1] S. o. pg. 27 ff.

πρᾶσις ἐπὶ λύσει, die als Kauf auftritt, ist das nicht auffallend; für das Faustpfand sind wir auf die Tafel von Gortyn angewiesen; das Gesagte macht wahrscheinlich, dass auch anderwärts dieselben Bestimmungen galten[1].

Es hat sich in Cap. VIII ergeben, dass das griechische Pfandrecht im ganzen auf dem Standpunkt der Ersatzleistung (Verfallpfand) stehen geblieben ist. Immerhin zeigten sich Beredungen, die, mit diesem ursprünglichen Gedanken nicht vereinbar, im Pfand nur eine Sicherung erblicken, deren Untergang und Realisierung die Forderung nicht ohne weiteres aufheben. Solche Beredungen mögen, wie die Lakritosurkunde zeigt, zunächst bei dem Seedarlehn üblich geworden sein; hier konnte der Ersatzgedanke sich nicht halten, weil der Schuldner keine Garantie hatte, dass er zu seinem Pfandobjekt kommen werde; in allen anderen Fällen fiel dieses Bedenken weg, bei Immobilien war die Gefahr des Untergangs und der Verschlechterung gering, Mobilien kamen — abgesehen vom Seedarlehn — von Anfang an in die Hand des Gläubigers.

Solche Beredungen (Recht des Gläubigers auf das ἔλλειπον, des Schuldners, bezw. II. Pfandgläubigers auf die Hyperocha) mögen im Lauf der Zeit häufiger geworden sein; das Bedürfnis nach der Möglichkeit mehrfacher Verpfändung und die Entwicklung des Pfändungspfandes mögen dazu mitgewirkt haben; im grossen und ganzen blieb es bei der ursprünglichen Auffassung des Pfandrechts[2].

---

[1] Die Tafel spricht von κατατιθέναι und setzt eine Vindication des wahren Eigentümers gegen den besitzenden Pfandgläubiger voraus, denkt also wohl an Faustpfand. — Man erwartet aber auch eine Evictionshaftung des Verpfänders, wenn nach Verfall die Sache dem Pfandgläubiger evinziert wird, was auch bei der Hypothek vorkommen kann. Eine solche Haftung ist denkbar (s. o. pg. 28), aber nicht mit Sicherheit nachweisbar.

[2] Wie lange besonders der Gedanke, dass Untergang der Pfandsache auch die Forderung aufhebe, sich noch erhielt, geht aus den Er-

2. Aber das intime Verhältnis zwischen Pfandrecht und Forderung zeigt sich auch sonst noch in Gegensätzen zum römischen Recht; dem Römer ist der Gedanke durchaus geläufig, dass Forderung und Pfandrecht in der Weise auseinanderfallen können, dass der Eigentümer des Pfandobjekts und der Schuldner nicht dieselbe Person sind. Hat B seinem Gläubiger A ein Pfandrecht an der Sache x bestellt und veräussert B nun die Sache x an C, so ist B nach wie vor persönlicher Schuldner des A, die Sache x ist nach wie vor mit dem Pfandrecht belastet, steht aber im Eigentum des C. Auch dies scheint im griechischen Recht nicht möglich oder nicht beliebt gewesen zu sein, Schuld und Pfandrecht sollen beisammen bleiben. Will der Schuldner das Pfandobjekt veräussern, so ist zweierlei möglich: 1. die Zustimmung der Gläubiger ist nicht eingeholt worden: dann ist die Veräusserung nichtig, Schuldner und Pfandeigentümer ist nach wie vor B; oder 2. die Zustimmung des Gläubigers ist erfolgt: dann wird der neue Erwerber mit der Sache x und ihrem Pfandrecht auch die persönliche Schuld übernehmen; Schuldner und Pfandeigentümer wird C. — S. dazu oben pg. 113 ff.

Noch weiter; es scheint sogar möglich zu sein, eine Schuld von Anfang an so auf ein Grundstück zu legen, dass, wer immer Eigentümer des Grundstücks wird, zugleich persönlicher Schuldner wird; der ursprüngliche Schuldner übernimmt auf das Grundstück die Schuld für sich und seine Realsuccessoren. So hat man sich die Anordnung im Testament der Epikteta (CIGr. 2448) zu denken; ein Legat von 3000 Drachmen wird ausgesetzt und dem Bedachten „geschuldet auf bestimmte Grundstücke von der

---

scheinungen des corpus juris hervor, auf die Hofmann, Beiträge zur Geschichte des griech. und röm. Rechts pg. 113 ff., aufmerksam gemacht hat.

Erbin, ihren Erben und sonstigen Nachfolgern (*διάδοχοι*)"[1]. Unter den anderen Nachfolgern sind Singularsuccessoren zu verstehen, wobei zunächst an den Fall des Verkaufs zu denken ist. Der Käufer schuldet also, wenn er das Grundstück erwirbt, die 3000 Drachmen und hat die Zinsen zu bezahlen; er ist persönlicher Schuldner geworden und haftet gerade so wie der Universalsuccessor; mit welchem Recht Dareste (nouv. rev. hist. 1882 pg. 252) davon ausgeht, dass diese successeurs à titre particulier, acheteurs ou autres, ne sont tenus qu' hypothécairement, ist mir unerfindlich; sie werden den *κληρονόμοι* gleichgestellt[2].

Damit hängt zusammen die Behandlung der Pfandbestellung für fremde Schuld, die — wie es scheint — so erfolgt, dass der Pfandbesteller gegenüber dem Gläubiger auch persönlicher Schuldner wird. So wenigstens wird man sich die Verhältnisse bei Demosthenes g. Nikostratos 12 und 13 (1250) zu denken haben. Der Sprecher will dem Nikostratos durch Verpfändung eigener Sachen zu Geld verhelfen; er verpfändet dem Arkesas ein Haus, wird dadurch selbst Darlehnsschuldner und ist auf das Regressrecht gegen Nikostratos angewiesen; Nikostratos selbst scheint nicht Schuldner des Arkesas zu werden[3]. Ob auch in diesem Fall notwendig Pfandrecht und persönliche Verbindlichkeit

---

[1] Das war wohl der Inhalt der Anfangsworte von II; die Lesung von Boeckh *καὶ ἀπ' ἐμοῦ* ist unmöglich; wie hier in der Hauptsache und gegen Boeckh B. Keil im Hermes XXIII 296, 297.

[2] Verwiesen sei dabei auch auf die athenische Stiftungsurkunde, die Mommsen im Hermes V pg. 129 ff. besprochen hat; es empfangen dort Grundstückseigentümer „Geldsummen unter der Verpflichtung, für sich und ihre Realsuccessoren die Zinsen derselben auf ewige Zeiten für einen bestimmten Zweck einzuzahlen". Datum und Provenienz (römisch?) sind aber so unsicher, dass ich mich mit der Verweisung begnüge.

[3] Vergl. die Worte (13) *ἔθηκα τὴν οἰκίαν Ἀρκέσαντι — δανείσαντι* und *ὅπως μὴ εἰσπράττοιμι αὐτὸν τἀργύριον, οὐ ἡ συνοικία ἐτέθη, ἀλλ' ἀφείην αὐτῷ*. Vergl. auch (12) *λῦσαί μοι*.

zusammengehen mussten, lässt sich mangels weiterer Quellenstellen nicht sagen[1].

3. Das Pfand haftet für die ganze Forderung.

Vermehrt sich die Forderung, so erstreckt sich das Pfandrecht auch hierauf. Das Pfand haftet also namentlich für die Zinsen und Vergrösserungen der Forderung, die aus culpa und mora debitoris entstehen. Über solche Verhältnisse gibt nur eine Quellenstelle nähere Auskunft, der Schuldvertrag zwischen Alexandros und der Stadt Arkesinoe[2], wo vorgesehen wird, dass, wenn bei Eintreibung der Forderung der Gläubiger einen Schaden erleidet oder wenn ihm Auslagen erwachsen (*βλάβος ἢ ἀνάλωμα*), dann dieser Betrag der Schuldnerin angerechnet und mit dem Darlehn (*μετὰ τοῦ ἄλλου δανείου*) zusammengeworfen werden soll, so dass auch für diesen Betrag der Gläubiger pfänden darf. Was hier für das Pfändungspfand gesagt ist, gilt wohl auch für das Conventionalpfand.

Vermindert sich die Forderung durch Teilabzahlungen, so haftet nach wie vor das ganze Pfand, bis alles abgezahlt ist. Doch darf ohne Zweifel in einem solchen Fall der Schuldner Abänderung des Horos verlangen in dem Sinn, dass der dort genannte ursprüngliche Schuldbetrag reduziert auf den jetzt nach der Teil-Zahlung noch geschuldeten Betrag werde.

4. Das Pfand haftet, wie eben bemerkt wurde, auch für die Zinsen, so dass, wer das Pfand lösen will, ausser dem

---

[1] Die von Homolle, bull. de corr. hell. XIV pg. 452/3 unter 3 angeführten Inschriften gehören kaum hierher; läge dort von Anfang an Pfandbestellung für einen dritten vor, so wäre wohl die Formel *ἣ ἐστὶν Ἱερομβρότου* gewählt. Wahrscheinlich sind diese Inschriften in dem unter 2 angegebenen Sinn zu deuten; wenn an X auf ein Haus ausgeliehen wird „das früher dem Y gehörte“, so ist anzunehmen, dass ursprünglich Y Pfandeigentümer und Schuldner war, dann mit Zustimmung des Gläubigers das Pfandobjekt verkaufte an X, der nun mit der Pfandbelastung auch die persönliche Schuld übernimmt und vom Gläubiger als Schuldner eingetragen wird.

[2] *Ἀθήναιον* X pg. 536.

Kapital auch die aufgelaufenen Zinsen tragen muss. Es kommt aber auch vor, dass für die Zinsen besondere Bestimmungen getroffen werden, so dass, wenn die Zinsen nicht rechtzeitig gezahlt werden, dem Gläubiger irgend welche Verfügung über das Pfand gewährt wird; dies ist der Fall im Testament der Epikteta (C. I. Gr. 2448, s. o. pg. 55): der Bedachte soll von den 3000 Drachmen jährlich 210 Drachmen Zins erhalten; geschieht dies nicht, so wird ihm das Recht gegeben, bis zum Betrag der Zinsen die Früchte des verpfändeten Grundstücks zu ziehen.

ἔστω ἀ καρπεία τῶν προδεδηλωμένων χωρίων – ποτὶ τὰς διακοσίας [δέκα] δραχμάς.

Es liegt eine Art von eventueller Antichrese vor[1], die soweit ich sehe, sonst nirgends nachweisbar ist.

Eine andere Bestimmung bezüglich der Zinsen findet sich in den Bestimmungen des delphischen Volksbeschlusses Bull. de corr. hell. V pg. 163; das Kapital, für welches Pfand bestellt wird, soll in fünf Jahren zurückbezahlt werden; jährlich wird Zins entrichtet; unterbleibt die Zinszahlung, so wird der Schuldner *πράκτιμος* im Betrag von $1^1/_2$ des Zinses; das Pfand selbst wird jetzt noch in keiner Weise angegriffen. Beides, Antichrese (Thera) und Pfändungsrecht (Delphi) verstand sich gewiss nicht von selbst für den Fall der Zinsversäumnis, sondern musste ausdrücklich ausbedungen werden; das normale war wohl, dass man die Zinsen auf gewöhnlichem

---

[1] Das Statut von Thera ist auch insofern merkwürdig, als von einer Auszahlung des Kapitals nirgends die Rede ist; man könnte versucht sein, eine ewige Rente anzunehmen, wobei sich auch die Niedrigkeit des Zinsfusses, die nicht unbeachtet geblieben ist (s. Boeckh, Staatshaushalt I pg. 165), erklären liesse. Aber der Eingang des Testaments, wo als Gegenstand des Vermächtnisses einfach die 3000 Drachmen hingestellt werden, und die Möglichkeit der Vertauschung des ursprünglichen Pfandobjekts gegen ein anderes sprechen dagegen. — Dabei mag bemerkt werden, dass die Rente im griechischen Recht vorkommt, s. C. I. Gr. Sept. 3054 (Lebadea) mit der Anmerkung von Dittenberger.

Wege, d. i. gerichtlich, einforderte oder sie bis zum Verfall des Kapitals auflaufen liess und dann mit diesem geltend machte.

5. Das Pfandrecht kann dazu dienen, den Beweis der Forderung zu erbringen oder zu erleichtern. Demosthenes erwähnt in der Rede g. Spudias ein Gesetz, welches

[νόμος ὃς] οὐκ ἐᾷ διαρρήδην, ὅσα τις ἀπετίμησεν, εἶναι δίκας, οὔτ᾽ αὐτοῖς οὔτε τοῖς κληρονόμοις[1].

Die einfachste Erklärung scheint mir die zu sein, dass, wenn einmal der Schuldner ein Pfand bestellt hat, dann über die Begründetheit der Pfandbestellung (Existenz einer Forderung) zwischen dem Schuldner bezw. seinen Erben und dem Gläubiger nicht mehr prozessiert werden darf. Drittpersonen brauchen die Verpfändung nicht gegen sich gelten zu lassen und können sie anfechten mit dem Nachweise, dass der Verpfändung keine Forderung zu grunde liege[2]; der Schuldner selbst (und seine Erben) kann dies nicht thun, weil er durch die Pfandbestellung zugegeben hat, Schuldner zu sein.

Im Rechtsfall des Spudias lag die Sache so, dass der Erbe — entgegen der Gesetzesvorschrift — eine vom Erblasser angeordnete Pfandbestellung als nichtig und für eine Nichtschuld[3] vorgenommen anfechten wollte. Andere Erklärungen der Stelle bei Platner, Prozess[4] II pg. 305, Meier-Schoemann-Lipsius II pg. 836, Dernburg, Pfandrecht I pg. 74.

---

[1] 7 (1030) cf. 10 (1031); statt *ὅσα* in einigen Handschriften *εἰς ἃ*, *εἰς ὅσα*, was zu der im Text gegebenen Erklärung gut passen würde.

[2] Man denke an Demosthenes, der die Verpfändungsgeschäfte zwischen Onetor und Aphobos anficht.

[3] Vgl. die Worte *δικαίως καὶ προσοφειλομένων ἀπετίμησεν* 19 (1033).

[4] Der zwar die eben gegebene Erklärung für möglich und nahe liegend hält, im übrigen aber — wie auch Meier-Schoemann-Lipsius — Gewicht legt auf das in einer späteren Wiederholung des Satzes 10 (1031) gebrauchte *ἔχοντας*, was m. E. nicht angeht, da der Sprecher ja an der Besitzergreifung gehindert wird 5 (1029). Jedenfalls enthält c. 7 (1030), nicht c. 10 (1031) die genaue Wiedergabe des Gesetzestextes (s. *διαρρήδην*).

Elftes Capitel.

Der Schutz des Pfandrechts.

Besondere Pfandklagen hat das griechische Recht nicht ausgebildet; Rechtsschutzmittel allgemeinerer Natur gelangen zur Anwendung. — Leider ist gerade hier das Quellenmaterial sehr spärlich; die Inschriften versagen fast ganz; ich kann daher in der Hauptsache auf ältere Darstellungen verweisen [1].

Das wichtigste Rechtsschutzmittel ist zweifellos die *δίκη ἐξούλης*, die in ihren Funktionen ungefähr einem interdictum adipiscendae und recuperandae possessionis gleichkommt. Sie kommt sowohl bei Mobilien als Immobilien vor [2] und steht dem Pfandgläubiger [3] zu, der an der Embateusis gehindert wird oder aus dem bereits erlangten Besitz wieder dejiziert wird; sie geht im ersteren Fall gegen den Hindernden, im zweiten Fall gegen den Dejizienten. Der Name *ἐξούλη* wird von den Lexikographen von *ἐξίλλειν* =

[1] Vgl. besonders: Platner, Prozess II pg. 291 ff. Meier-Schoemann-Lipsius pg. 665 ff., 965 ff. und ausserdem Dernburg, Pfandrecht pg. 74, 75.

[2] Gewöhnlich denkt man nur an Immobilien; *δίκη ἐξούλης* bezüglich Mobilien findet sich namentlich in der Rede des Demosth. g. Zenothemis; s. darüber Thalheim, der Prozess Demons gegen Zenothemis Hermes XXIII pg. 202 und Leist, attischer Eigentumsstreit im System der Diadikasieen, pg. 54—56.

[3] Gewöhnlich denkt man dabei an die Stellung des Hypothekargläubigers bei Verfall; aber doch wohl auch dem Faustpfandgläubiger und dem Gläubiger bei *πρᾶσις ἐπὶ λύσει* und zwar diesen schon vor Verfall.

ἐξωθεῖν, ἐκβάλλειν, ἀπελαύνειν abgeleitet[1]. Der Zweck der Klage ist Erlangung bezw. Wiedererlangung des Besitzes. An und für sich braucht der Gläubiger keine richterliche Erlaubnis zur Embateusis, erst wenn er mit Eigenmacht nicht zum Ziel kommt, geht er den Richter an.

Die *δίκη ἐξούλης* ist nicht speziell und nicht ausschliesslich die Klage des Pfandgläubigers; sie ist ebenso die Klage des „suus heres", des Erwerbers vom Staat, des Siegers im Prozess; „alle diese Personen haben das Recht, den Besitzer eigenmächtig zu vertreiben oder sich durch Eigenmacht im Besitz zu erhalten, eventuell mit der *δίκη ἐξούλης* zu klagen, nicht auf Grund eines willkürlichen Privilegs, sondern deshalb, weil sie im Besitz eines Rechtstitels sind, dem gegenüber eine *ἀμφισβήτησις*, d. h. ein Streit über bessere Berechtigung, nicht möglich ist, der damit zu sofortiger Exekution berechtigt"[2]. Der Beklagte wird, wenn er unterliegt, zugleich zu einer Busse an den Staat verurteilt, die dem Wert der Sache gleichkommt[3].

Eingeleitet wird die Klage durch die *ἐξαγωγή*: der Gläubiger, der an der Embateusis gehindert wird, lässt sich vom Besitzer hinauswerfen (*ἐξάγειν*); es handelt sich dabei um eine vis ex conventu, die Hofmann mit Recht mit der römischen deductio quae moribus fit verglichen hat[4].

---

[1] Etymol. magn. *ἐξούλης*; cf. Bekker, anecd. graec. 188. 252; nach einem Homerscholiasten lautet der in Frage kommende Passus eines solonischen Gesetzes: *ἐάν τις ἐξίλλῃ, ὧν ἄν τις νικήσῃ, οὗ ἂν ἄξιον ᾖ καὶ τῷ δημοσίῳ ὀφλανεῖ καὶ τῷ ἰδιώτῃ, ἑκατέροις*. S. Dareste, science du droit en Grèce pg. 312. Anm. 1.

[2] So Leist, der attische Eigentumsstreit im System der Diadikasieen pg. 51.

[3] Harpokr. u. *ἐξούλης*; vgl. Anm. 1; dass die poena dupli auch den unterliegenden Kläger getroffen habe, wie Leist a. a. O. pg. 51 anzunehmen scheint, lässt sich aus den Quellen nicht beweisen; vgl. übrigens auch Meier-Schoemann-Lipsius II pg. 967—970.

[4] Vgl. Meier-Schoemann-Lipsius II pg. 477. 667. Hofmann, Beiträge zur Geschichte des griech. und röm. Rechts pg. 126 ff.

Mit der *δίκη ἐξούλης* dringt der Pfandgläubiger nicht nur durch gegen den ursprünglichen Schuldner, sondern auch gegen Dritte, die im Moment der Fälligkeit sich im Besitz der verpfändeten Sache befinden. Für den Fall, wo der Schuldner das Pfandobjekt durch Verkauf veräussert hat, wird dies ausdrücklich bezeugt durch Pollux VIII 59:

καὶ μὴν καὶ εἰ ὁ μὲν ὡς ἐωνημένος ἀμφισβητεῖ κτήματος, ὁ δὲ ὡς ὑποθήκην ἔχων, ἐξούλης ἡ δίκη. —

Der Pfandgläubiger dringt durch gegen den Käufer[2]. Die Entscheidung kann nicht auffallen; denn entweder war der Verkauf erfolgt ohne Einwilligung des Gläubigers, dann war er nichtig und der Käufer wird nicht geschützt, weil er keinen Titel hat; oder die Einwilligung war vorhanden, dann kannte der Käufer das Pfandrecht und hatte es mit übernommen. So ist allerdings im Verhältnis zum Pfandrecht der Kauf „vom objektiven Recht als minderwertiger Rechtstitel erklärt worden“[3]. Was vom Kauf gilt, muss auch von den übrigen Veräusserungsgeschäften gelten; denn auch diese sind dem Schuldner untersagt.

Ob die bei Harpokration mit der *δίκη ἐξούλης* in Zusammenhang gebrachten *δίκαι καρποῦ ἢ ἐνοικίου* und *οὐσίας* auch auf die *δίκη ἐξούλης* des Pfandgläubigers sich beziehen, und wenn ja, ob sie nur gegen dritte Besitzer sich richten, ist eine mit Sicherheit nicht zu entscheidende Frage[4].

---

[1] Für die Dinglichkeit der *δίκη ἐξούλης* ausser den in Anm. 4 zitierten auch Dernburg, Pfandrecht I pg. 75. Vergl. auch Suidas *ἐδικάζετο δὲ ἐξούλης καὶ ὁ χρήστης κατέχειν ἐπιχειρῶν κτῆμά τι τοῦ χρεωστοῦντος καὶ κωλυόμενος ὑπό τινος.*

[2] So übersetzen auch Meier-Schoemann-Lipsius II pg. 696 und Platner, Prozess II pg. 296.

[3] Leist a. a. O. pg. 56.

[4] Harpokr. u. *οὐσίας δίκη* u. Bekker anecd. graec. 285; dazu Meier-Schoemann-Lipsius pg. 967 ff. Anm. 589 und die dort zitierten und ausserdem jetzt Dareste, la science du droit en Grèce pg. 311. 312. — Der in Betracht kommende Passus aus Harpokration lautet: *οἱ δικαζόμενοι περὶ χωρίων ἢ οἰκιῶν πρὸς τοὺς ἔχοντας οὐσίας ἐδικάζοντο τὴν δευτέραν δίκην· ἡ δὲ προτέρα ἦν τῶν μὲν οἰκιῶν ἐνοικίου, τῶν δὲ χωρίων καρ-*

Die *δίκη ἐξούλης* ist ausserhalb Athens in Amorgos nachweisbar (Athenaion X pg. 536 ff.); da die Embateusis ein gemeingriechisches Institut ist, wird auch für die *δίκη ἐξούλης* dasselbe anzunehmen sein.

Neben der *δίκη ἐξούλης* erscheint als Klage des Pfandgläubigers *πρόκλησις* und *δίκη εἰς ἐμφανῶν κατάστασιν*[1]; sie entspricht der römischen actio ad exhibendum und wird namentlich im Fall des Seedarlehns erwähnt; der Schuldner soll das Pfandobjekt sichtbar machen, damit der Gläubiger die Embateusis daran vornehmen kann.

ποῦ, τρίτη ἐπὶ τούτων ἐξούλης· καὶ ἐξῆν τοῖς ἑλοῦσι κρατεῖν τῶν κτημάτων καὶ εἰ τὴν δίκην τὴν τοῦ καρποῦ ἢ τοῦ ἐνοικίου, καὶ εἰ τὴν δευτέραν ἡττηθεῖεν τὴν τῆς οὐσίας· εἰ δὲ καὶ ἐξούλης ἁλοῖεν, οὐκέτι ἐξῆν ἐπικρατεῖν. ἀλλ' ἐξίστασθαι ἔδει ἤδη τῶν κτημάτων τοῖς καταδικασαμένοις. — M. E. ist daran festzuhalten, dass nirgends die *δίκαι καρποῦ* und *ἐνοικίου* und die *δίκη οὐσίας* als notwendige Voraussetzungen (Vorstadien) der *δίκη ἐξούλης* genannt sind. Es kann sich also höchstens um ein Wahlrecht des Gläubigers handeln; er kann zunächst bei Verfall den Schuldner im Besitz lassen, aber so, dass dieser nun eine fremde Sache besitzt und infolgedessen bei einem Grundstücke die Früchte herausgeben, bei einem Haus Mietzins zahlen muss; diese Verpflichtung wird durch die *δίκαι καρποῦ* und *ἐνοικίου* festgestellt *(προτέρα δίκη)*: erfolgt immer noch keine Zahlung, so kommt es zur *δίκη οὐσίας* (Eigentumsfeststellungsklage? *δευτέρα δίκη)* die den Schuldner immer noch im Besitz lässt; verweigert er jetzt noch die Zahlung, so erfolgt jetzt erst die *δίκη ἐξούλης*. — Zu einer solchen langsameren Prozedur mag der Gläubiger da gegriffen haben, wo es ihm darauf ankam, sein Geld zu erhalten, nicht aber das Pfand; die Interessen des Gläubigers und Schuldners können so zusammentreffen. — Jedenfalls bezieht sich das gesagte nur auf Immobilien. Vielleicht ist überall nur an den Fall zu denken, wo der nicht besitzende Eigentümer gegen den besitzenden Nicht-Eigentümer geklagt und ein günstiges Urteil erstritten hat. — Jetzt versteht Dareste a. a. O. die drei Klagen von der „action réelle en revendication contre un tiers possesseur". Nach ihm: „les actions *καρποῦ* et *ἐνοικίου* jouaient dans la procédure athénienne un rôle analogue à celui de nos actions possessoires"; das ist doch wohl nicht richtig, da ja der Beklagte nach diesen Klagen weiter „besitzt" *(κρατεῖ τῶν κτημάτων)*. Die Stelle des Harpokration bleibt dunkel; ich habe daher im Text von einer Erörterung abstrahiert.

[1] Vgl. hierüber Meier-Schoemann-Lipsius II pg. 696, vgl. 479 ff. Platner, Prozess II pg. 297 ff.

Bei Demosthenes c. Apaturios legt der Gläubiger, wie es scheint, vor Verfall Beschlag auf die ihm verpfändete Sache, was dort *κατεγγυᾶν* genannt wird[1]. Es handelt sich dabei um *πρᾶσις ἐπὶ λύσει* und man darf kaum um dieser Stelle wegen auch dem Hypothekargläubiger das Recht zu einer solchen Beschlagnahme vor Verfall geben. Das nähere hierüber s. o. pg. 93.

Wie der Pfandgläubiger keine besondere actio hypothecaria, so hat auch der Verpfänder keine besondere actio pigneraticia in personam, mit der er das Pfand nach Zahlung der Schuld herausverlangen könnte; man gewährte dem Faustpfandgläubiger dieselbe Klage wie dem Deponenten, die *δίκη παρακαταθήκης*[2]; für den Fall der *πρᾶσις ἐπὶ λύσει* mag ein ähnliches Rechtsmittel zur Verfügung gestanden haben.

Wie — abgesehen vom Falle der Nicht-Rückgabe des Pfandes nach der Zahlung — der Verpfänder geschützt war z. B. bei Untergang oder Deteriorierung der Sache bei dem Gläubiger, lässt sich nicht feststellen. Man kann wiederum an die *δίκη παρακαταθήκης*[3] denken und an die allgemeinen Klagen *συνθηκῶν παραβάσεως*[4] und *βλάβης*[5][6].

[1] Demosth. l. c. 10 (895).

[2] Meier-Schoemann-Lipsius II pg. 699 ff. Platner, Prozess II pg. 363 ff.

[3] So Platner, Prozess II pg. 364, der die Klage gehen lässt auf Rückforderung des Depositums und „ausserdem auf alles das, was im Widerspruch mit den Pflichten einer treuen und sorgfältigen Aufbewahrung der Depositar verschuldet hatte."

[4] S. über diese Klage im allgemeinen Meier-Schoemann-Lipsius II pg. 697.

[5] S. über diese Klage im allgemeinen Meier-Schoemann-Lipsius II pg. 650 ff.

[6] Vgl. übrigens oben pg. 107 Anm. 2.

Zwölftes Capitel.

Untergang des Pfandrechts.

Von Aufhebungsthatsachen werden in den Quellen erwähnt: Untergang der Pfandsache, Untergang der Forderung, Verzicht.

Über den Untergang der Pfandsache und seine Bedeutung für Pfandrecht und Forderung s. o. pg. 96, 97.

Der Untergang der Forderung zieht den Untergang des Pfandrechts nach sich. Bei gänzlicher Zahlung kann der Schuldner zweifellos Abnahme des Horos fordern, bei teilweiser Abschreibung des gezahlten Betrages oder Errichtung eines neuen Horos im Restbetrag; hingegen bleibt die ganze Sache verpfändet. Dem Untergang der Forderung durch Zahlung steht der Untergang der Forderung durch Verzicht oder gesetzlichen Schuldenerlass gleich; vgl. aber hierüber die Bestimmungen des ersten Gesetzes von Ephesos mit dem Kommentar im Recueil I pg. 22—29[1].

Für den Verzicht auf ein Pfandrecht war eine besondere Form nicht vorgeschrieben. Ausdrücklich vorgesehen ist der Fall des Verzichts im Testament der Epikteta (CIGr.

---

[1] S. besonders § 7; in § 3 (pg. 24) wird festgesetzt, dass Tempelschuldner liberiert sein sollen mit Ausnahme derjenigen, die *ἐπὶ ὑποθήκαις* Geld aufgenommen haben; bezüglich dieser tritt nur eine Erleichterung in der Zinszahlung ein. Eine ähnliche Unterscheidung zwischen grundversicherten und anderen Schulden scheint im Psephisma von Selymbria (*Ἀθήναιον* V pg. 514) aus der Zeit des Alkibiades vorzuliegen; s. die Worte: *μὴ ἔναι πρᾶχσιν πλὴγ γε̃ς καὶ οἰκίας · τὰ δὲ ἄλλα χσύμβολα . . . . . διαλύεμ πρὸς ἀλλέλος.*

2448); das Pfandobjekt kann gegen ein anderes vertauscht werden; dann verzichtet der Pfandgläubiger auf sein bisheriges Pfandrecht und erwirbt ein neues.

Untergang des Pfandrechts durch Konfusion ist nicht nachweisbar, darf aber wohl unbedenklich angenommen werden.

Tod des Pfandgläubigers oder Verpfänders hat keinen Einfluss auf das Pfandrecht; Szanto[1] denkt sich Fälle, in denen ein Pfandrecht „dem Gläubiger als Person" bestellt werden konnte in der Weise, dass auf den Erben des Gläubigers zwar die Forderung, nicht aber auch das Pfandrecht überging; ebenso auf der Schuldnerseite. Solche Fälle kennen die Quellen nicht und man darf aus der Rede des Demosth. g. Spudias (1036) nicht schliessen, dass sie jemals vorgekommen seien.

---

[1] Wiener Studien IX pg. 288.

Dreizehntes Capitel.

Pfandrecht und Bürgschaft.

Die Sicherung der Forderung kann wie durch Pfandrecht oder Bürgschaft allein, so auch durch Pfandrecht und Bürgschaft erfolgen[1].

In einem solchen Falle ist im Zweifel anzunehmen, dass der Gläubiger die Wahl hat, von welcher Sicherheit er zuerst Gebrauch machen will; er kann also gegen den Bürgen vorgehen, ohne vorher das Pfand in Anspruch genommen zu haben. Dies ist zwar nirgends ausdrücklich gesagt, folgt aber wohl aus der Behandlung des Bürgen überhaupt, der nach griechischem Recht ohne weiteres belangt werden kann und kein beneficium excussionis[2] hat; so wird auch, wo dem Gläubiger ein Pfändungsrecht gewährt wird, dies sowohl gegenüber dem Schuldner als gegenüber dem Bürgen zugesichert[3]. —

Bürgenstellung und Verpfändung stehen aber nicht notwendig in diesem Verhältnis: es können über die Art der Haftung des Bürgen besondere Bestimmungen getroffen werden und so namentlich auch ausgemacht werden, dass der Bürge erst dann haften solle, wenn die Realisierung des

---

[1] S. z. B. Bull. de corr. hell. XIV pg. 453 (Delos): *τάδε ἐδανείσαμεν . . . . Εὐκλείδει . . . καὶ τοῖς ἐγγύοις ἐπὶ ὑποθήκει . . .*

[2] Meier-Schoemann-Lipsius II pg. 707; Thalheim, griech. Rechtsalterthümer pg. 91.

[3] Vgl. die Formulierung im Nikaretadarlehn; *πρᾶξις ἔστω ἔκ τε αὐτῶν καὶ ἐκ τῶν ἐγγύων καὶ ἐξ ἑνὸς καὶ ἐκ πλειόνων καὶ ἐκ πάντων.*

vom Schuldner bestellten Pfandrechts gar nicht möglich ist oder nicht zur völligen Befriedigung des Gläubigers führt. Ein solcher Fall liegt vor in dem Volksbeschluss der Delphier über die Verwendung der Schenkung des Königs Attalos II: Die Darlehnsschuldner sollen Grundstücke als Hypothek und ausserdem Bürgen[1] stellen *(ἐγγύους καθιστάναι)*; die sollen *βεβαιωτῆρες τῶν ἐνεχύρων* sein; wird nach fünf Jahren das Kapital nicht zurückgezahlt, so verfallen die Pfänder der Stadt und werden verkauft; wird dabei zu wenig gelöst, so sollen für den Fehlbetrag *(τὸ ἔλλειπον)* Schuldner und Bürgen *πράκτιμοι* sein; werden die Zinsen nicht rechtzeitig bezahlt, so sollen die Schuldner *πράκτιμοι* sein. Daraus ergibt sich, dass der Bürge erst haftet, wenn das Pfand nicht hilft. Dies ist dann der Fall, wenn bei der Pfandverwertung zu wenig gelöst wird (s. hierüber das eben gesagte) und wenn das Pfand vom wahren Eigentümer oder einem besseren Pfandgläubiger weggenommen wird. An den letztgenannten Fall ist wohl zu denken, wenn es heisst, die Bürgen sollen *βεβαιωτῆρες*[2] *τῶν ἐνεχύρων* sein; damit hängt wohl auch zusammen

Etymol. magn.: *ἐγγυῶμαι. κυρίως ὁ τὸ ὑποκείμενον ἀνέπαφον παρέχων.* —

Ähnlich liegen die Verhältnisse jedenfalls auch in den delischen Pachtkontrakten, wo der Gläubiger zuerst gewisse mit dem Pachtverhältnisse in Beziehung stehende Vermögensobjekte (Früchte, Vieh, Sklaven) dem Schuldner abpfändet und erst, wenn er so nicht zur Befriedigung kommt, auf das übrige Vermögen des Schuldners und der Bürgen greifen soll[3].

---

[1] Bull. de corr. hell. V pg. 157 ff.; dass jeder Schuldner mehrere Bürgen stellt, schliesse ich aus II pg. 27, 28 (pg. 165): *ὁ δανεισάμενος καὶ οἱ γενόμενοι ἔγγυοι.*

[2] *βεβαιωτήρ* sonst technisch für den Kaufhelfer; über diesen s. Mitteis, Reichsrecht und Volksrecht pg. 503 ff.

[3] Bull. de corr. hell. XIV pg. 433 n. 3.

Das Notstandsgesetz von Ephesos lässt den Bürgen, wie der Volksbeschluss von Delphi, nur für den Fehlbetrag haften; doch ist anzunehmen, dass auch dort in normalen Zeiten der Gläubiger ohne weiteres gegen den Bürgen vorgehen konnte[1].

Über die Stellung des Bürgen zum Pfand erfahren wir nichts, denn die Inschrift CIGr. 354, die dem Bürgen das Recht gibt, 60 Tage nach Pfandverkauf das Pfand bei dem Käufer auszulösen, ist römischen Ursprungs[2]. —

2. Pfandrecht und Bürgschaft können auch so miteinan- in Verbindung stehen, dass ein Bürge dem Gläubiger für die Erfüllung seiner Bürgschaftsverpflichtung ein Pfand bestellt; s. den Horos 60 und oben pg. 47.

3. Eine dritte Art des Zusammentreffens von Pfandrecht und Bürgschaft zeigt die Rede des Demosthenes gegen Apaturios: der Schuldner bestellt dem Bürgen ein Pfand, für das Risico, das dieser übernimmt. Der Sprecher verbürgt sich für Apaturios bei Heraklides für dreissig Minen, die letzterer an ersteren zahlt; zugleich verpfändet ihm Apaturios ein Schiff im Weg der *πρᾶσις ἐπὶ λύσει*, bis er die 30 Minen an Heraklides bezahlt haben werde, d. h. bis feststeht, dass der Bürge nicht zahlen muss[3]. Wie der Bürge merkt, dass der Hauptschuldner das Pfand beiseite schaffen

---

[1] So auch die Herausgeber des Recueil pg. 44. 45.

[2] Die Behandlung des Verhältnisses von Pfand und Bürgschaft, wie sie bisher im Text beschrieben ist, entspricht dem römischen Recht; auch nach r. R. kann der fidejussor simpliciter acceptus den Gläubiger nicht auf das Pfand verweisen l. 51 § 3 D. de fidej. XLVI 1; es kann aber ausgemacht werden, dass der Bürge nur haften solle in id quod minus ex pignoribus venditis redactum esset (l. 63 D. ibd. XLVI 1). —

[3] L. c. 8 (894): *ὠνὴν ποιοῦμαι τῆς νεὼς καὶ τῶν παίδων ἕως ἀποδοίη . . τὰς τριάκοντα, ὧν κατέστησεν ἐμὲ ἐγγυητὴν τῷ τραπεζίτῃ.* — Der Fall ist etwas komplizierter als er im Text beschrieben ist, deswegen, weil neben dem Sprecher ein zweiter Gläubiger, Parmenon, steht, der dem Hauptschuldner ein Darlehn gegeben hat. Das ändert aber nichts an den Ausführungen des Texts.

will, legt er Beschlag darauf, übergibt es dem Gläubiger[1], verkauft es dann und zahlt an den Gläubiger den Erlös heraus, der sich gerade mit dem Forderungsbetrag deckt[2]. — So der Bericht des Demosthenes, bei dem nun allerdings das Verhältnis der drei Personen (Gläubiger, Hauptschuldner, Bürge) und ihre Stellung zum Pfand nicht völlig klar wird. Doch wird anzunehmen sein, dass die Verpfändung an den Bürgen erfolgt, wobei wahrscheinlich ein Darlehn des Bürgen an den Hauptschuldner fingiert wird[3]; die Übergabe des Pfandes an den Gläubiger hat wohl den Sinn, dass der Gläubiger den guten Willen des Bürgen erkenne, die Betreibung gegen ihn nicht anhebe und ihm Zeit lasse, Realisierung des Pfandes zu erwirken[4].

Der Bürge, der ohne weiteres vom Gläubiger in Anspruch genommen werden konnte, hatte alle Veranlassung, sich vom Schuldner Sicherheit verschaffen zu lassen[5].

---

[1] L. c. 9, 10 (895).

[2] L. c. 12 (896).

[3] Vgl. die Worte *καθ' ἃς ἐδανείσθη τὰ χρήματα* in c. 12 (896); der der Kaufpreis, den sonst bei der *πρᾶσις ἐπὶ λύσει* der Käufer (Gläubiger) zahlt, ist hier vom Sprecher noch nicht bezahlt, es ist nur Gefahr vorhanden, dass er zahlen muss. Eine Mitwirkung des Gläubigers Heraklides bei dem Verpfändungsakt scheint ausgeschlossen.

[4] Demosthenes redet zwar zweimal (10, 11) so, wie wenn die Übergabe des Pfandes an den Gläubiger den Bürgen von der Bürgschaftsverbindlichkeit befreien würde *(ἀπολυθῆναι τῆς ἐγγύης)*; doch kann dies kaum anders als in dem oben angegebenen Sinn verstanden werden; denn es kann darüber doch wohl kein Zweifel sein, dass der Sprecher dem Heraklides haften müsste, wenn aus dem Schiff des Apaturios zu wenig gelöst würde.

[5] Vgl. auch Isocr. Trapez. 37, 44: der Bürge würde sich nicht verbürgt haben, wenn er nicht (hier durch ein Depositum) sich für gedeckt gehalten hätte.